집사와 함께하는

Cat Food
캣푸드

김주아 · 전효원 공저

(주)백산출판사

추천사

안녕하세요. 수의사 이세원입니다.
반려견 레시피북 "행복 한 그릇 건강 한 스푼"에 이어 반려묘 레시피북 출간을 축하드립니다.
반려견에 이어 반려묘를 키우시는 분들이 많이 늘어났습니다.
수의계에서는 '고양이 수의학'이 비약적으로 발전하며, 고양이에게 발생하는 질환에 대한 치료가 활발히 이루어지고 있습니다.

다양한 고양이 사료와 식품들도 나오고 있습니다. 과거에 비해 좋은 의료 환경과 양질의 먹거리를 통해 반려묘의 건강에 큰 도움을 주고 수명 연장에도 영향을 주었습니다.
특히 강아지와 고양이는 영양학적으로 필요한 영양소 배합이 다르고, 잘 먹지 못하는 경우 금방 건강에 적신호가 오게 됩니다. 그래서 반려묘 보호자 분들은 먹는 것에 더 신경 쓰고 싶어 하십니다.

저는 수의사로서 반려묘 보호자 분들께 가능하다면 '화식(자연식)'을 급여하는 것이 좋다고 말씀드립니다. 하지만 보호자 분이 임의로 만들면 영양소 불균형이 발생해 반려묘의 건강에 위해가 될 수 있습니다.

이 책의 저자 분들은 펫푸드 관련 전문가로 레시피에서 맛과 영양소 모두를 신경 썼습니다.
특히 사진과 함께 설명하고 있어 초보 반려인도 쉽게 따라 할 수 있습니다.
반려묘에게 건강하고 맛있는 음식을 해주고 싶은 보호자 분들께 이 책을 추천드립니다.

수의사 이세원

Contents

PART 01 **반려동물의 이해**

1. 반려동물의 개념 9
2. 반려동물 산업 10

PART 02 **반려묘의 이해**

1. 반려묘의 기원 15
2. 반려묘의 체형 분류 15
3. 반려묘의 품종 17
4. 반려묘의 신체적 특징 18
5. 반려묘에게 필요한 영양소와 식재료 21

PART 03

간식 / 베이커리 레시피

단호박 멸치 파운드 42
연어렌틸 오븐구이 44
디포리 고구마말이 46
사료쿠키 48
블루바나나 슈트루델 50
닭 가슴살 티라미수 52
황태 달걀 푸딩 54
코티지 다쿠아즈 56
과일젤리 58
삼색양갱 60
소고기 연어 푸딩 62
바나나 스콘 64
단호박 밤식빵 66
연어 냥드위치 68
밤고구마 몽블랑 70
소고기 클라우드슈 72
치즈 스노우볼 74
고기 월병 76
쉬림프 머핀 78
호박파이 80
츄르(오리, 채소) 82
연어 에클레어 84
토마토 와플 86
메추리볼 88
딸기 호박롤 90
고구마빵 92
감자빵 94
도미 오트밀 도넛 96
대추쿠키 98
블루베리 황태푸딩 100
대추 크럼블 102
고구마 플로랑탱 104
두부 로미아스 106
당근 보틀 케이크 108
두부크림 고양이 케이크 110
닭간 샌드 112
코티지치즈 상투볼 114
블루베리 스펀지롤 116
닭 가슴살 쿠키 118
삼색 슈 120
단호박케일 쿠키 122
코티지치즈 124

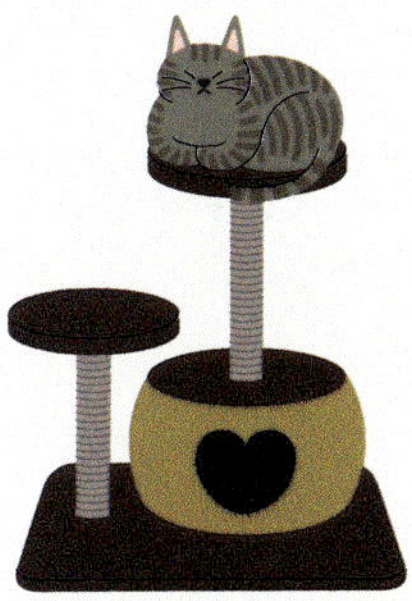

PART 04 화식 레시피

가자미 미역국 128
가지치즈구이 130
감자수프 132
고기묵 134
누룽지 관자구이 136
달걀찜 138
닭곰탕 140
닭 떡갈비 142
닭 샐러드 144
닭온반 146
대구탕 148
돼지고기 덮밥 150
두부 스테이크 152
두부 전골 154
떡국 156
맛탕 158
모둠초밥 160
뭇국 162
반계탕 164
북어강정 166
북엇국 168
사슬적 170
삼겹살롤구이 172
새우국수튀김 174
새우전 176
생선구이 178
생선찜 180
세 가지 전 182
소고기편채 184
스테이크 186
알감자새우구이 188
연어까스 190
오리옹심이 192
유부밥 194
잔멸치볶음 196
채소죽 198
크로켓 200
편육 202
해물꼬치 204
해물냉채 206
해물떡볶이 208
해물마죽 210
해물파스타 212
해파리냉채 214
호박선 216

참고문헌 218

PART 01

반려동물의 이해

cat food

PART

01

반려동물의 이해

1. 반려동물의 개념

반려동물companion animal이란 반려伴侶를 목적으로 기르는 개, 고양이, 햄스터 등 포유류와 앵무새, 카나리아 등 조류, 열대어 등 어류, 카멜레온 이구아나 등의 파충류 등 농림축산식품부령으로 정하는 동물을 말한다(「동물보호법」제2조제7호). 즉 종을 불문하고 사람과 더불어 사는 동물이라고 이해할 수 있다.

1인 가구의 증가, 현대인들의 스트레스, 인구의 고령화 등 급변하는 현대사회에서 반려동물과의 정서적 유대감은 가족의 일원으로 안정과 소통, 삶의 질 향상에 많은 도움을 준다.

반려동물이란 단어는 1983년 동물 행동학자이자 노벨상 수상자인 K.로렌츠의 탄생 80주년을 기념하기 위하여 오스트리아 빈에서 과학아카데미가 주최한 국제 심포지엄에서 처음 등장했다. 심포지엄은 '인간과 애완동물의 관계the human-pet relationship'를 주제로 하여 그동안 개, 고양이등을 애완동물愛玩動物로 부르던 것을 정서적 가치성 등을 고려하여 반려동물이란 단어를 최초로 사용했다. 여기에 승마용 말도 포함하였다.

기타 단어

- **야생동물** : 자유롭게 이동 가능하며 인간에 의해 길들여지지 않은 척추동물
- **경제동물** : 동물의 생산물, 노동력 등이 주인의 경제 활동과 연관되어 있는 동물

2. 반려동물 산업

반려동물 연관 산업시장은 반려동물 양육 인구의 증가, 동물들의 지위 상승, 고급화 등으로 고용효과가 높은 신성장 산업으로 부각되고 있다.

농림축산식품부에 따르면 국내 반려동물의 양육 가구는 2012년 364만 가구에서 2022년 602만 가구(추정)로 급증하고 있으며 여전히 반려견이 반려묘보다 많지만, 반려묘의 가구 비율은 매년 증가추세이다.

이에 따라 반려동물의 국내시장 규모 역시 2022년 8조 원으로 아주 빠른 속도로 성장하고 있다. 이 규모는 세계시장 대비 1.6% 정도로 추정되고 있어 앞으로도 발전 가능성이 있는 산업임을 알 수 있다.

정부와 농림축산식품부는 2023년 비상경제장관회의에서 반려동물 산업의 3대 전략(① 4대 주력산업 육성, ② 성장 인프라 구축, ③ 해외수출 산업화)을 추진하고 진행 체계를 새롭게 구축하는 반려동물 연관산업 육성 대책을 발표하였다. 이를 통해 새로운 생산, 소비를 창출하고 수출을 확대하는 방안을 제시하였다.

팻케어 시장 세부 항목별 비중(2020)

단위 : %

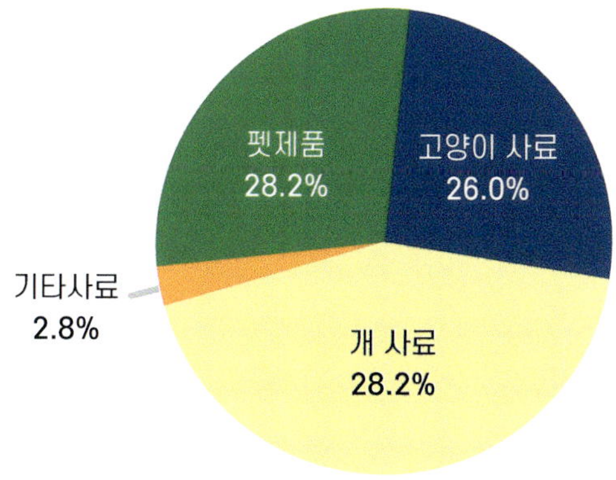

팻케어 시장규모 변화(2019~2026)

단위 : 억 달러

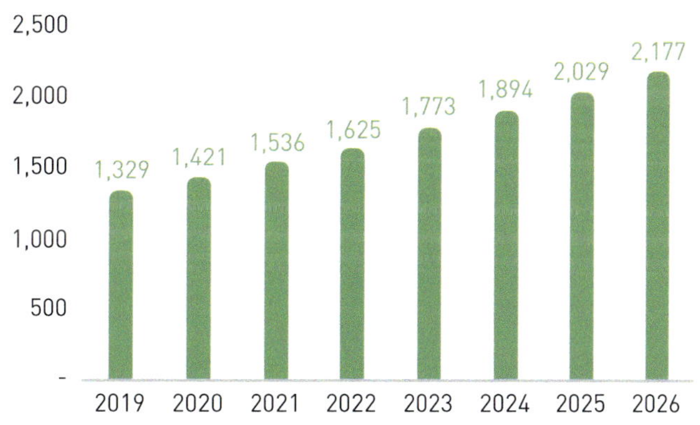

출처 : 성장하는 펫케어 산업 최신 트렌드와 우리 기업의 글로벌 경쟁력 강화 방안(한국무역협회 국제무역 통상연구원, 2022.01.19)

글로벌 동물진단시장 국가별 규모 및 전망

(단위 : 백만달러)

국가	2021		2026(E)		CAGR
	USD	%	USD	%	
US	1,034	42%	1,563	40%	9%
Canada	811	3%	125	3%	9%
Germany	157	6%	239	6%	9%
UK	133	5%	194	5%	10%
France	123	5%	211	5%	10%
Italy	60	2%	91	2%	9%
Spain	55	2%	84	2%	9%
China	152	6%	269	7%	12%
Japan	127	5%	208	5%	10%
India	58	2%	96	2%	11%
Brazil	84	3%	144	4%	11%
Mexico	37	1%	60	2%	10%
Middle East&Africa	56	2%	92	2%	11%
Others	310	13%	495	13%	10%
Total	2,467	100%	3,871	100%	9%

출처 : 대한민국 정책브리핑(www.korea.kr)

PART

02

반려묘의 이해

cat
food

PART
02

반려묘의 이해

1. 반려묘의 기원

고양이Felis Catus는 고양이를 의미하는 라틴어 'feles'와 'cattus'에서 유래되었다는 학설이 지배적이다.

고양이는 인간이 농사를 짓게 된 이후, 곡식 저장창고에 쥐나 해충을 방제하는 수단으로 인류와 오랫동안 함께 한 반려동물이다. 이집트 벽화에 고양이를 이용한 새 사냥 그림이 있으며 오래된 유적으로는 9500년 전 실로우로캄보스에서 발견된 고양이 무덤(2001년)이 있다.

고양이 애호가였던 빅토리아여왕의 명령으로 많은 품종연구가 이루어져 고양이의 현재 모습을 파악할 수 있다.

2. 반려묘의 체형 분류

1) 오리엔탈(Oriental)

가늘고 유연한 몸통에 긴 다리와 꼬리 특징이며. 대중적이다. 머리는 쐐기형이고 코에서 귀까지 일직선으로 연결되었다. 온난지역에서 자라서 단모종이 많다.

코니시 렉스, 샴, 오리엔탈 쇼트헤어, 발리네즈, 스핑크스 등

2) 포린(Foreign)

날씬하고 균형 잡힌 단단한 몸매가 특징이며, 귀가 크고, 눈이 타원형이다.

네벨룽, 러시안블루, 아비시니안, 소말리, 재패니즈 밥테일 롱헤어, 터키시 앙고라 등

3) 세미포린(Semi foreign)

중간 체형으로, 둥글고 근육질이다.

아메리칸컬, 아메리칸컬 쇼트헤어, 데본 렉스, 이집션 마우, 하바나 브라운, 라펌, 먼치킨, 스핑크스 등

4) 세미코비(Semi cobby)

짧고 둥근 체형이다.

아메리칸 쇼트헤어, 아메리칸 와이어헤어, 봄베이, 브리티시 쇼트헤어, 스코티시폴드 등

5) 코비(Cobby)

머리가 둥글고 몸통이 짧으며, 어깨, 허리의 폭이 넓다. 눈이 크고 둥글며, 주둥이가 납작하고 짧다. 다리는 굵고, 발끝은 둥글다. 한랭지역에서 자라서 장모종이 많다.

페르시안, 히말라얀, 맹크스, 친칠라, 이그조틱 쇼트헤어 등

6) 롱 앤 서브스텐셜(Long & substantial)

골격과 근육이 발달하여 몸집이 크고 튼실한 체형이다.

렉돌, 메인쿤, 버만, 노르웨이숲 등

3. 반려묘의 품종

고양이는 식육목 고양잇과의 포유류로 19세기 말부터 품종 개량이 이루어졌다. 국제고양이협회는 73종, 고양이애호가협회는 45종, 국제고양이연맹은 48종의 고양이를 품종으로 인정한다. (위키백과)

털의 길이에 따라 장모와 중모, 단모로 분류할 수도 있다. 장모종은 추운 지방에 많이 살아서 털이 2중인 경우가 많으므로 털을 안쪽 깊숙한 곳까지 꼼꼼히 잘 빗어줘야 한다. 단모종은 대체로 날씬하며 털 빠짐이 장모에 비해 덜하다.

1) 단모

아비시니안, 벵갈, 브리티시 쇼트헤어, 버미즈, 샤르트뢰, 이집션 마우, 이그조틱 쇼트헤어, 재패니즈 밥테일, 코랏, 맹크스, 오시캣, 오리엔탈 쇼트헤어, 러시안블루, 셀커크 렉스, 샴, 싱가푸라, 스핑크스(무) 등

2) 중장모

아메리칸컬, 버먼, 오리엔탈 롱헤어(단모 중복), 터키시 앙고라, 터키시반 등

3) 장모

발리니즈, 재피니즈 밥테일(단모 중복), 메인쿤, 맹크스(단모 중복), 노르웨이숲, 페르시안, 렉돌, 셀커크 렉스(단모 중복), 소말리 등

렉스 : 코니시 렉스, 데본 렉스, 라펌 등

4. 반려묘의 신체적 특징

고양이는 평균 체중이 4~6kg이며, 250개의 뼈(꼬리에 10%)가 있다. 강한 다리가 흉곽과 척추를 받치고, 어깨뼈가 골격에 직접 붙어있지 않아 유연성이 크다. 또 허벅지의 500개 근육으로 도약, 점프, 전력 질주를 할 수 있다.

1) 고양이의 신체구조

고양이의 신체적 특징은 품종에 따라 다양하지만, 신체구조나 기본적 특징은 비슷하다.

(1) 머리 부분

① 눈

고양이의 홍채는 세로로 길고 가느다란 형태를 띠고 있으며 안와 안쪽에는 안구를 보호하는 얇은 막인 순막(제3의 눈꺼풀)이 있다.

② 귀

고양이의 외이는 180도 회전이 가능하며, 특정 소리의 출처를 정확하게 감지한다.

③ 코

고양이의 후각은 개보다는 떨어지고 인간보다는 발달했다.

④ 혀

고양이 혀 표면은 수백 개의 작은 돌기로 뒤덮여 있다. 돌기로는 체온조절, 물 마시기, 음식 살점 발라내기, 그루밍, 세안할 때 물기를 닦을 수 있다.

⑤ 이빨

고양이는 이빨 30개로 음식물을 작게 조각내며, 송곳니는 사냥할 때 사용한다.

⑥ 수염

입 양쪽에 12개씩 자리 잡고 있으며 움직임 감지, 풍향 측정, 공간개념, 사냥감 정보를 얻는 아주 중요한 감각 기관이다.

(2) 몸통 부분

① 털

가장 바깥쪽에 있는 '보호털', 안쪽의 '까끄라기 털', 부드러운 '솜털'이 있다 (예외 : 페르시안, 스핑크스)

② 항문

항문낭 액으로 배변, 인지, 영역표시를 한다.

③ 생식기

암컷은 7~12개월, 수컷은 10~14개월 사이에 성숙한다.

④ 발

고양이는 발가락 끝으로 걸으며 최고 시속 50km까지 속도를 낸다. 40%가 왼발잡이(우세발)이며 20%는 오른발잡이, 나머지 40%는 양발잡이이다.

⑤ 발톱

고양이의 네 발에 달린 갈고리 발톱은 높은 곳에 오를 때, 사냥감을 붙잡는 데 유리하며, 사용하지 않을 때에는 발가락 안쪽으로 접어 넣을 수 있다.

⑥ 꼬리

감정을 표현하는 수단으로 이용하며, 균형 유지를 돕는다.

⑦ 젖꼭지

암수 모두 젖꼭지가 있으며 수컷의 경우에 기능은 없다.

⑧ 몸무게

성묘 기준 평균 3~6kg 정도이다.

⑨키

종에 상관없이 덩치가 거의 비슷하며 평균 어깨높이는 약 30cm이다.

2) 고양이의 신체적 특징

체온	약 38~39℃	피부, 털	체온유지, 신체보호
심박수	140~240회/분	발바닥	발톱보호, 체온유지
시각	근시, 적록색맹	항문낭	신체적 정보, 영역표시
청각	인간의 6배	임신기간	58~63일(2달)
후각	인간의 14~30배	치아	윗니 16개, 아랫니 14개
촉각	예민	수명	15~20년(이상)
미각			

3) 고양이의 성장주기

신생아기	탄생~생후 10일
과도기	10일~3주
사회화기	3~8주
학습기	2~6개월
성숙기	6~12개월
성묘	12개월 이후

4) 고양이의 나이 계산

고양이	사람
1살	19살
2살	24살
3살	28살
4살	32살
18살	88살

출처 : 고양이의 신체적 특징과 예방접종, 현집사

5) 고양이의 예방 접종

종합백신, 범백혈구 감소증, 저염성 복막염, 광견병, 내·외부 기생충 예방 등이 있다.

- 종합백신 : 생후 8주부터 2~3주 간격으로 접종(5차)
- 광견병 : 생후 3개월 이후 접종, 매년 보강 접종 권장
- 범백혈구 감소증 : 생후 9주부터 3차, 매년 보강 접종 권장
- 전염성 복막염 : 생후 4개월 이후 접종, 매년 보강 접종 권장
- 내·외부 기생충 예방 : 생후 4주부터 1~2주 간격, 2달 권장
- 기타 : 클라미디아, 호흡기 바이러스 예방 등

5. 반려묘에게 필요한 영양소와 식재료

고양이는 잡식성 육식동물이라 할 수 있다. 고양이는 일부 영양소의 체내 합성능력이 부족하므로 나이, 상태 등 성장 시기별에 따라 적절하게 영양공급을 해야 한다. 예를 들어, 고양이는 카로티노이드를 비타민 A로 변환할 수 없고 비타민 D의 합성량이 부족하다. 또한, 트립토판을 나이아신으로 변환할 수 없으므로 저탄수화물식이 적합하다. 기본적으로 성묘의 하루 에너지 사용량은 1kg당 70~90cal이고 성장, 수유기에는 220~240kcal이다. 이를 고려하여 영양공급을 적절하게 하면 반려묘의 건강과 활동에 좋은 영향을 미친다.

1) 영양소

(1) 단백질

에너지 생산, 근육 발달, 신경전달 원료, 단백질 활성화, 성장, 신경기능 활성화, 간기능 강화, 정신안정

반려묘들은 반려견보다 1.5~2배의 단백질이 더 요구된다. 결핍되면 발육부전, 피부염 등이

생기고 과잉 공급 시 신장질환이 악화된다.

- 필수아미노산 : 라이신(Lysine), 류신(Leucine), 메티오닌(Methionine), 발린(Valine), 아이소류신(Isoleucine), 트레오닌(Threonine), 트립토판(Tryptophan), 페닐알라닌(Phenylalanine), 히스티딘(Histidine), 아르기닌(Arginine), 타우린(Tarurine)

(2) 지방

피부, 피모의 건강을 유지하고 과잉 공급 시 비만, 대사성 질병을 주의해야 한다.

- 필수 지방산 : 리놀레산(Linoleic acid), 아라키돈산(Arachdonic acid), 알파 리놀레산

(3) 미네랄

골격구성, 성장, 생체 효소 반응, 나트륨, 염소, 마그네슘, 칼륨, 칼슘, 인

(4) 비타민

지용성 비타민(A, D, E, K), 수용성 비타민, 티아민, 리보플라빈, 나이아신, 판토텐산, 피리독신, 비오틴, 엽산, 코발라민

- 비타민 A : 눈, 점막, 뼈 등의 건강유지에 필수
- 나이아신(비타민 B^3) : 음식으로 섭취

(5) 탄수화물

고양이는 생태적으로 탄수화물의 소화에 최적화된 효소 시스템을 갖추고 있지 않으므로 식단에서 탄수화물 비율은 낮을수록 좋다. 과잉 공급 시 비만, 당뇨에 주의해야 한다.

(6) 식이섬유

장관의 운동기능을 정상적으로 유지하는 데 필요하고 만복감 해소, 독소배출, 배변활동 촉진, 변비와 당뇨 예방 효과가 있다. 과잉 공급 시 소화흡수 능력이 저하된다.

영양소 함유 식품

영양소	식품
단백질	가다랑어포, 뱅어포, 콩, 김, 닭고기, 돼지고기, 문어, 새우, 정어리, 치 즈, 참치, 꽁치, 식용유
지방	해바라기유, 면실유, 옥수수유, 콩기름, 참기름, 들깨, 마요네즈, 달걀, 삼치, 돼지 간, 참고등어, 미역, 소 심장, 간, 신장, 닭똥집
미네랄	까나리, 마른 멸치, 치어 등 생선
비타민	채소, 과일류
탄수화물	쌀, 현미, 보리, 밀배아, 잡곡, 조, 귀리, 오트밀, 감자, 고구마
식이섬유	당근, 바나나, 무, 브로콜리, 케일, 콩, 셀러리, 녹두, 호박, 고구마, 옥수수 등 채소, 과일
비타민 A	간(닭, 돼지, 소 등), 장어, 은대구
나이아신	가다랑어, 간, 고등어, 참치 등 생선류

2) 식재료

(1) 반려묘가 먹을 수 있는 식재료

① 육류

닭고기

반려묘 식재료에서 가장 손쉽게 많이 사용되는 재료. 닭고기 부위 중 지방이 적은 닭 가슴살이나 안심 부위를 많이 사용한다. 닭고기는 필수 아미노산과 단백질 함량이 높아 두뇌 성장과 세포조직의 생성을 도와주고 뼈대를 튼튼하게 하며, 각종 질병을 예방한다. 특히 반려묘에게는 고단백, 저지방으로 담백한 간식을 만들 수 있다.

- 닭발 : 콜라겐 함량이 아주 높아 피모건강에 도움이 된다. 노화방지 효과가 있으며 성장발육을 돕고 관절을 튼튼하게 해준다.
- 닭 근위 : 저지방 식품으로 다이어트가 필요한 반려묘에게 아주 좋은 재료이다. 단백질과 비타민 E, 철분 함량이 높아 면역력에 효과가 있으며, 피부미용에도 도움이 된다.
- 달걀 : 단백질이 우수해 완전한 영양식품이다. 달걀의 단백질은 회복에 도움을 주며 체력강화, 피모건강, 노화예방 효과가 있다. 노른자는 근육발달, 안구건강, 두뇌기능 향상에 도움을 준다. 흰자는 소화를 방해할 수 있는 효소 억제 성분이 있으므로 반드시 가열조리 해야 한다.

오리고기

아미노산이 풍부하고 특히 불포화지방산 함유가 높아 콜레스테롤 수치를 낮추어주고 중성지방을 제거해주기 때문에 반려묘에게 아주 좋은 재료이다. 기력강화에 좋으며 반려묘의 피부, 털, 발톱 건강에 효과가 있다. 혈관을 강화하여 혈관질환을 예방한다.

- 오리 목뼈 : 연골로 이루어진 오리 목뼈는 부드럽게 부서진다. 스트레스 해소에 좋은 간식이며 칼슘이 풍부해 뼈와 관절을 튼튼하게 해주고 독소를 배출하는 레시틴이 함유되어있다.

메추리

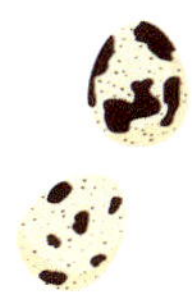

단백질, 지방, 칼슘 등을 함유하며 심혈관 질환을 예방해주는 재료이다. 면역력을 높여주며 성장에 도움을 주기 때문에 간식으로 많이 사용된다. 뼈와 근육을 강화하며 산후회복에도 도움이 된다.

돼지고기

비타민 B1이 소고기보다 10배나 많이 함유되어 피로회복에 도움이 되며 철 성분의 흡수율이 높아 빈혈에도 좋다. 지방이 적은 뒷다릿살, 안심 부위를 많이 사용하며 여름철 더위를 잘 타는 반려묘에게 좋은 재료이다. 인, 칼륨, 미네랄 등이 풍부해 성장기 반려묘에게도 좋다.

- 돼지 귀 : 연골로 되어있어 간식으로 많이 사용된다. 콜라겐과 칼슘이 풍부해 미용에 도움이 된다. 기름과 불순물이 많아 깨끗하게 손질 후 조리하여야 한다.
- 돼지 껍질 : 콜라겐 덩어리로 알려진 돼지 껍질은 고단백 저지방 식품으로 반려묘의 피부재생, 연골조직 재생, 성장발육에 도움이 되는 재료이다.

소고기

필수 아미노산을 함유하고 단백질, 철분이 많은 재료이다. 지방이 적은 홍두깨살, 사태 부위를 주로 사용한다. 성장기나 체력회복이 필요한 반려묘에게 좋은 재료이다. 피로회복, 눈 건강, 뼈건강에 도움이 된다.

- 소 간 : 고단백, 저지방 식품이며 비타민과 미네랄이 풍부하다. 철분도 풍부해 빈혈에 좋으며 반려묘의 눈 건강에 좋은 재료이다. 눈물자국 개선에 효과가 있다.
- 송아지 목뼈 : 지방이 적고 수분이 많아 소화흡수가 잘된다. 고단백, 필수아미노산 그리고 각종 비타민이 함유되어 반려묘의 뼈와 관절을 튼튼하게 해준다. 스트레스 해소에 도움이 되는 간식으로 많이 사용된다.

양고기

철분, 단백질, 비타민 B1, B2 등 영양소가 포함되어 불안감과 스트레스 해소에 도움이 되는 재료이다. 비장과 위를 튼튼하게 해주며 체지방연소, 콜레스테롤을 감소시킨다. 지방이 적은 목살, 갈비새김, 안심, 등심 부위를 사용한다.

② 어류

- 황태 : 가장 많이 사용되는 재료 중 하나이며 황태는 필수 아미노산이 풍부해 기력회복에 도움이 된다. 저지방 고단백 식품으로 콜레스테롤이 낮고 신진대사를 활성화한다. 다만 염분이 있으므로 반려묘 재료로 사용할 경우 염분을 제거한 후에 사용하는 게 좋다.

- 연어 : 안구 건강에 도움이 되는 오메가3, EPA, DHA가 많이 함유되어 있다. 동맥경화, 혈전을 예방, 뇌의 활동을 도와주는 재료이다. 항산화 작용과 콜레스테롤을 제거해주는 효과가 있어 반려묘 식재료로 많이 사용된다.

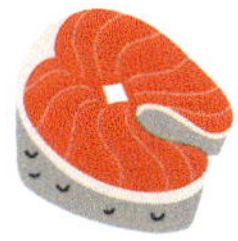

- 멸치 : 지방이 적고 칼슘, 오메가3 지방산과 타우린이 많이 함유되어 있다. 반려묘의 뼈와 관절을 튼튼하게 해주고 성장발육을 촉진한다. 다만 염분이 있어 제거 후 사용하는 게 좋다.
- 디포리 : 칼슘과 철분, 불포화지방산이 함유되어 있다. 뼈 건강에 좋으며 소화가 잘되도록 도와준다. 피모 건강과 체력증진 효과가 있다.
- 대구 : 지방이 아주 적고 고단백 식품이다. 필수 아미노산이 풍부하며 혈액순환에 도움이 된다. 흰살생선으로 비타민 A, D, E를 함유하고 있어 반려묘의 뼈를 튼튼하게 해주고 충치를 예방하는 데 도움이 된다.
- 참치 : 참다랑어는 EPA, DHA를 함유하고 있어 콜레스테롤을 낮춰주고 관절, 피부에 도움이 된다. 통조림 참치는 끓는 물에 데친 후 기름과 염분을 제거 후 사용해야 한다.

③ **채소**

- 고구마 : 식이섬유가 풍부한 고구마는 다이어트가 필요한 반려묘에게 좋은 재료이다. 천연 단맛이 강해 반려묘가 좋아하는 재료 중 하나이다. 당질, 비타민 C가 많이 함유되어 있다
- 단호박 : 풍부한 당질과 영양분에 비해 열량이 낮은 좋은 재료이다. 비타민 A가 풍부하게 함유되어 있으며 베타카로틴 성분이 노화를 억제하고 반려묘의 눈 건강, 감기 예방에 도움이 된다. 단맛이 강하고 식감이 부드러워 반려묘 간식에 많이 사용된다.
- 당근 : 베타카로틴이 풍부하게 함유되어 면역력을 높여준다. 반려묘의 피부, 눈 건강 유지에 도움이 되는 재료이다. 단, 반려묘는 생 당근을 소화하기 어려우므로 꼭 가열 후 섭취해야 한다.
- 양배추 : 비타민 A, B, C가 함유되어 있으며 특히 비타민 C 성분이 풍부해 반려묘의 피모, 위 건강에 좋으며 섬유질 또한 풍부하다. 항산화 작용, 면역력 증진, 노화예방에 도움이 된다. 낮은 칼로리로 다이어트가 필요한 반려묘에게 많이 사용되는 재료이다.
- 브로콜리 : 비타민 C와 설포라판 항산화제가 풍부하게 함유되어 면역체계를 강화하는 효과가 있다. 심장 질환을 예방하며 당뇨에 도움이 되며 눈 건강 개선에도 좋다. 브로콜리의 다양한 영양소는 반려묘의 불안과 우울에 도움이 된다.

- 시금치 : 비타민과 미네랄, 철분이 풍부하여 피부와 점막의 보전, 눈 건강과 빈혈에 도움이 된다. 또한 반려묘의 뼈와 이빨을 튼튼하게 해준다. 단 시금치에 포함된 옥살산은 반려묘에게 결석의 원인이 될 수도 있으므로 살짝 삶거나 데쳐서 조리해야 한다.
- 파프리카 : 비타민이 풍부해 반려묘의 식재료로 많이 사용된다. 특히 비타민 A 베타카로틴은 노령묘의 안구 건강에 도움이 된다. 항

산화 효과가 있으며 염증 완화에 좋다. 비타민 B 성분도 풍부해 기력이 떨어진 반려묘에게 에너지를 주며 심리적인 안정과 수면의 질을 높여준다. 단, 과도하게 섭취할 경우 설사, 구토, 복통을 유발할 수 있으므로 하루 사료량의 10% 정도만 급여해야 한다.

- **배추** : 비타민 C가 매우 풍부해 겨울에 보급하면 좋다. 식이섬유가 많아 장에 도움이 되며 몸을 따듯하게 해주는 효과가 있다. 단, 너무 많이 섭취하면 갑상선 기능 저하증이 올 수 있다.
- **우엉** : 피를 맑게 해주고 체내 노폐물과 중금속 등을 외부로 배출시켜준다. 특히 이눌린이라는 수용성 섬유질이 풍부해 장 내 유익균인 프로바이오틱스의 먹이가 되는 프리바이오틱스가 많다. 혈당량을 낮추며, 항염작용, 면역력 향상에 도움을 준다.
단, 반려묘에게 급여할 때는 알레르기 반응을 확인하여 잘 익혀 주어야 한다. 하루 섭취 칼로리의 1~3% 이내로 아주 소량 급여해야 한다.
- **연근** : 식이섬유가 풍부하고 저칼로리 간식으로 많이 사용되는 재료이다. 변비로 고생하는 반려묘에게 도움이 되며 칼륨성분이 이뇨작용을 도와 노폐물 배출에 효과적이다.
- **생강** : 몸을 따듯하게 해주고 혈액순환을 촉진한다. 진통작용으로 감기 예방에 좋고 면역력을 높여주며 소화력 증진 효과가 있다. 위장 활동을 촉진하여 주기적으로 장에서 음식을 배출시킬 수 있게 도와주며 위 확장증을 예방하는 효과가 있다. 또한 심장사상충을 앓고 있는 반려묘에게 보조제로 생강을 처방하기도 한다. 단, 혈액 응고를 방해할 수 있어 수술 후 급여는 자제해야 하며 심장 관련 질환이 있다면 수의사와 상담 후 급여하길 권장한다.
- **표고버섯** : 마른 표고버섯을 사용하며 비타민과 미네랄, 식이섬유가 풍부한 재료이다. 특히 비타민 D가 풍부해 골다공증, 뼈 건강에 도움이 되며 빈혈, 혈액순환촉진, 염증 치료에 좋다.

affiné

④ 과일

- 블루베리 : 반려묘 간식으로 가장 많이 사용되는 과일 중 하나이다. 안토시아닌이 아주 풍부해 시력을 개선하며 항산화 작용이 뛰어나 암과 노화를 예방하는 데 도움이 된다. 격렬한 신체활동 후 회복 시 급여하면 효과가 좋다. 단, 너무 많은 양을 주면 설사와 위장 장애를 겪을 수 있으니 주의해야 한다.
- 사과 : 비타민 A, 비타민 C, 칼륨이 풍부해 관절, 다이어트에 도움이 된다. 노령묘 간식으로도 좋으며 성장기에 있는 어린 고양이에게도 도움이 된다. 주의할 점은 사과 씨에 들어있는 아미그달린이라는 성분인데 이 성분은 소화효소와 만나면 산소공급 부족을 일으킬 수 있으므로 사과 씨는 꼭 제거하고 급여해야 한다. 적당하게 급여하면 건강에 좋은 재료이며 하루 총급여량의 10% 정도 권장하고 있다.

- 딸기 : 비타민 C가 매우 풍부해 면역체계를 강화한다. 단맛이 강해 고양이가 좋아하는 간식이며 식이섬유 또한 풍부해 소화작용에도 도움이 된다. 미네랄이 풍부해 반려묘에게 결핍된 영양소를 채워주며 피부와 모발에도 좋다. 또한 치아 미백에도 도움이 되는 효소가 들어있어 치아관리에도 도움이 된다. 하지만 당도가 높으므로 너무 많은 양을 급여하면 안 된다. 대형묘의 경우 하루 5개, 중형묘의 경우 3~4개, 소형묘의 경우 1개를 급여하기를 권장하고 있다.
- 바나나 : 비타민 C와 칼륨, 마그네슘을 많이 함유하고 있어 비타민 흡수와 뼈 성장을 도와준다. 바나나의 섬유질은 소량 섭취 시 배변 활동에 도움이 되지만 다량 섭취 시 변비를 유발할 수 있으니 주의하도록 한다. 특히 바나나 껍질은 구토, 장폐색을 유발할 수 있으니 꼭 제거하고 급여해야 한다.
- 배 : 수분함량이 많은 배는 반려묘의 음수량을 채우는 데 도움이 된다. 섬유질이 풍부해 변비에 효과적이고 소화를 촉진한다. 특히 칼로리가 낮아 다이어트가 필요한 반려묘에게 도움이 되는 과일이다. 신진대사 촉진, 항산화 효과, 피로회복, 식욕증진 등 효과가 있다.
  주의할 점은 배 씨에 들어있는 시안화물이라는 독성 성분을 꼭 제거하고 급여해야 한다. 이 성분을 다량 섭취할 경우 호흡곤란, 잇몸질환, 동공 확장, 발작, 심박수 증가 등의 부작용이 있을 수 있으니 꼭 주의하여야 한다. 하루 급여량의 10% 미만으로 급여하길 권장한다.
- 복숭아 : 식이섬유가 다량 함유되어 있어 변비에 도움이 되며 수분량이 많아 탈수증상이 있

을 때 도움이 된다. 다만 당분이 많은 복숭아를 다량 섭취 시 비만, 연변을 일으킬 수 있으니 주의해서 급여하도록 한다. 또한 덜 익은 복숭아는 아미그달린이라는 성분이 고양이의 체내에 흡수되면 시안화수소라는 독성물질로 될 수 있으니 잘 익은 복숭아를 급여해야 한다.

- 수박 : 수박은 92%가 수분으로 이루어져 있으며 비타민 A, B, C, 칼륨 등 풍부한 영양소로 이루어져 있다. 항산화 물질과 항염증의 효과가 있으며 변비로 고생하는 반려묘에게 더없이 좋은 간식이다. 다만 수박씨와 수박껍질은 소화불량을 일으킬 수 있으니 제거 후 급여하는 게 좋다. 또한 수분 함량이 높아 다량 섭취 시 위가 팽창되어 호흡곤란이 올 수 있으니 적당히 급여하길 권장하고 있다. 특히, 3개월 미만의 어린 고양이에게는 잦은 배뇨작용으로 인해 방광에 좋지 않은 영향을 줄 수 있으니 급여하지 않는 게 좋다.

⑤ **콩류**

- 두부 : 두부는 반려묘 식재료로 많이 사용되는 재료 중 하나이다. 단백질이 매우 풍부하며 소화가 잘되어 영양소를 완전히 흡수할 수 있다. 간수가 되어있어 끓는 물에 살짝 데친 후 사용해야 한다.
- 검은콩 : 안토시아닌 색소가 다량 함유되어 있어 반려묘의 시력 회복에 효과적이며 항암작용, 노화 예방에 도움이 된다. 반려묘의 혈당 조절과 면역체계 강화에도 도움이 된다.
  익힌 후 급여해야 하며 섬유질이 많이 포함되어 있어 적절한 양을 급여하면 변비에 도움이 된다. 하지만 다량 급여 시 설사, 복통을 유발할 수 있으니 주의해야 한다. 또한 칼륨성분이 다량 함유되어 있어 신장이 좋지 않은 반려묘에게는 부담을 줄 수 있으니 급여를 주의해야 한다.
- 팥 : 팥에는 탄수화물, 비타민 특히 비타민 B1이 다량 함유되어 있어 피로회복에 도움을 준다. 반려묘의 눈 건강, 털에도 도움이 되며 노폐물을 배출해주는 재료이다. 익혀서 부드러운 상태로 급여해야 소화가 잘된다. 다만, 다량 섭취 시 팥의 성분 중 사포닌이 뱃속에 가스를 차게 하고 설사, 구토를 유발할 수 있으니 주의해야 한다.
- 렌틸콩 : 단백질과 식이섬유가 풍부해 체내의 신진대사가 원활하게 이루어지도록 하여 혈액순환 기능을 강화한다. 면역력을 높이는 데 효과적이며 저칼로리 식품으로 다이어트가 필요한 반려묘에게 좋은 재료이다. 풍부한 섬유질로 소화기관을 건강하게 해준다. 폴리페놀과 비타민 성분이 피부와 모질을 건강하게 해주고 노화예방에도 도움이 된다.
- 병아리콩 : 병아리콩은 반려묘의 사료나 간식에서 많이 사용되는 재료 중 하나이다. 일반 콩에 비해서 단백질이 풍부하고 칼륨, 식이

섬유가 풍부해 설사, 소화불량에 도움이 된다. 포만감을 주는 식품으로 다이어트가 필요한 반려묘에게도 좋은 재료이다. 특히 노령묘에게 많이 나타나는 염증성 질환의 통증을 완화하는 데 도움이 된다. 잘 익힌 후 급여해야 하며 다량 섭취 시 배에 가스가 차거나 설사를 일으킬 수 있으니 적정량을 급여하는 게 좋다.

(2) 반려묘가 먹으면 안 되는 식재료

- 날달걀 : 살모넬라, 대장균 등 박테리아 식중독 우려, 흰자 아비딘(Avidin)이 비오틴 흡수 방해
- 반려견의 사료, 사람용 의약품
- 감, 복숭아, 자두 등 과일 씨앗

- 알코올 : 적은 양으로도 간, 뇌에 영향, 혼수
- 우유, 유제품 : 유당 불내증으로 소화장애(설사 등)
- 고기 뼈, 생고기 : 구토, 설사, 질식
- 참치캔 : 수은중독, 영양실조 등
- 초콜릿 : 테오브로민 독성물질, 발작, 사망 등
- 카페인 : 숨 가쁨, 심계항진, 근육 떨림

  커피콩, 코코아, 초콜릿, 콜라, 에너지 드링크 등 각성음료, 감기약, 진통제
- 포도, 건포도 등 : 신부전, 구토, 과잉행동
- 무화과, 귤, 오렌지, 자몽
- 밀가루 반죽(효모 포함) : 통증, 복부팽만, 알코올 중독 등
- 아보카도 : 곰팡이독소, 호흡기질환, 심장 손상, 사망
- 마카다미아
- 파, 양파, 부추, 쪽파 등
- 자일리톨, 토란
- 꽃 : 철쭉, 진달래, 백합, 카네이션 등

(3) 반려묘 식재료 선택 시 참고할 점

- 반려묘는 맛이 아닌 후각이 중요하다.
- 해산물은 익혀서 먹이고 특히 내장류는 조심해서 급여한다.
- 식재료는 잘게 다지거나 갈아서, 조금씩 급여하면 좋다.
- 소금은 필수 영양소이지만 식재료 자체에 있는 염분으로 대체하는 게 좋다.
- 우유는 락토프리 우유를 사용해야 하며 저염 치즈를 먼저 먹여보면 좋다.
- 토마토는 익혀서 주면 좋다.
- 달걀의 흰자는 생으로 급여하면 안 되고 익혀서 급여하면 영양분에 아주 좋은 식재료다.
- 생밀가루 반죽이 아닌 흰 빵은 가끔 급여해도 괜찮다.
- 쌀가루로 만든 빵이나 간식 등은 급여해도 괜찮다.

(4) 반려묘 맞춤 식재료

- 단백질 : 육류, 생선, 달걀, 유제품, 콩류, 어패류, 치즈, 두부 등
  소고기, 돼지고기, 닭고기, 양고기, 말고기, 생선 등의 살이나 간 등을 이용한다.
  기름이나 막은 제거하고 익혀서 사용하는 것을 원칙으로 한다.
- 탄수화물 : 곡류, 곡물가루
  쌀, 현미, 보리, 수수, 율무, 조, 고구마, 감자, 오트밀 등
- 비타민, 무기질 : 채소, 과일류, 해조류, 버섯류
  브로콜리, 무, 당근, 호박, 버섯, 시금치, 셀러리, 해조류, 다시마, 파프리카, 마, 케일, 봄동, 청경채, 연근, 우엉, 미역, 방풍나물, 수박, 사과, 딸기, 키위, 토마토, 블루베리, 배, 바나나, 복숭아 등
- 유지류, 조미료 : 올리브유, 현미유, 참기름, 생선가루
- 건조 : 과일, 고구마, 두부, 단호박, 누룽지, 포 등
- 기타 : 요구르트, 낫토, 코티지치즈, 한천 등

반려묘의 몸 상태, 질병 유무에 따라 잘 살펴서 사용한다.

제철 식재료를 사용하는 것을 원칙으로 한다.

6. 간단히 만들어 쓰는 비법양념

단맛

- 홍시 : 겨울에 나오는 홍시를 냉동해서 사용한다. 자연 그대로의 단맛으로 일품이다.
- 대추고 : 대추를 돌려 깎아 대추 씨를 없앤 후 물에서 뭉근히 끓여 조청처럼 만든다.
- 과일잼 : 반려동물이 먹을 수 있는 과일로 뭉근히 끓여 갈거나 체에 밭쳐 사용한다.
- 채소잼 : 당근, 파프리카 등은 끓이면 단맛이 난다. 과일과 섞거나 단독으로 오래 끓여 사용한다.
- 조청 : 밥에 엿기름을 넣어 삭힌 후 걸러서 졸이면 조청이 된다. 가끔 식욕이 떨어졌을 때 사용한다.
- 꿀 : 칼로리가 높으니 주의해서 특별하게 사용한다.

새콤, 입맛 돋우는 신맛

식초와 레몬즙을 사용한다. 재료를 소독하거나 가끔 신맛이 필요할 때 사용하지만, 고양이들은 신맛을 좋아하지 않으므로 사용해야 한다면 아주 소량 사용한다.

짠맛

해조류에 들어있는 짠맛으로 대체한다.

맛물

고기, 황태, 채수, 조개, 멸치, 다시마, 표고버섯

맛가루

- 황태, 다시마, 표고, 멸치, 육포가루, 생강, 파래, 타임, 바질, 버섯, 깨, 들깨, 파슬리가루, 가쓰오부시 등을 사용한다.
- 토핑용으로 사용하면 좋다.

오일

- 현미유, 올리브유, 아마인유, 참기름 등

천연색소 만들기

- 맛도 돋우고 이쁜 색깔로 반려인이 즐거운 천연색소
- 비트, 단호박, 시금치(보리순 등), 딸기가루, 당근 분말, 울금 등을 사용한다.

급여 방식

- 동물성 단백질 중심으로 식단 작성하고, 육류(정육, 생선, 내장)와 곡물/채소의 비율은 8:2 혹은 7:3 정도로 급여하는 것이 적절하다.
- 고기나 생선 끓인 물이나 한천, 전분을 사용해서 수분을 공급한다.
- 어패류는 반드시 익혀서 급여한다.
- 작은 사이즈(사료 크기)부터 시작해서 조금씩 크기를 키워나간다.
- 급여 시 약간 따뜻한 온도로 낸다.
- 다양한 토핑으로 음식에 변화를 준다.
- 곡물은 필수 식재료도 금기 식재료도 아니다.

7. 캣 펫푸드에 자주 사용하는 도구

- 식품건조기
- 푸드프로세서
- 찜기
- 에어프라이어
- 전자레인지
- 가위, 칼, 도마
- 다지기
- 오븐
- 식품진공기

단호박 멸치 파운드 | 연어렌틸 오븐구이 | 디포리 고구마말이 | 사료쿠키 | 블루바나나 슈트루델 | 닭 가슴살 티라미수 | 황태 달걀 푸딩 | 코티지 다쿠아즈 | 과일젤리 | 삼색양갱 | 소고기 연어 푸딩 | 바나나 스콘 | 단호박 밤식빵 | 연어 냥드위치 | 밤고구마 몽블랑 | 소고기 클라우드슈 | 치즈 스노우볼 | 고기 월병 | 쉬림프 머핀 | 호박파이 | 츄르(오리, 채소) | 연어 에클레어 | 토마토 와플 | 메추리볼 | 딸기 호박롤 | 고구마빵 | 감자빵 | 도미 오트밀 도넛 | 대추쿠키 | 블루베리 황태푸딩 | 대추 크럼블 | 고구마 플로랑탱 | 두부 로미아스 | 당근 보틀 케이크 | 두부크림 고양이 케이크 | 닭간 샌드 | 코티지치즈 상투볼 | 블루베리 스펀지롤 | 닭 가슴살 쿠키 | 삼색 슈 | 단호박케일 쿠키 | 코티지치즈

PART
03

간식/베이커리 레시피

소요시간
1시간

단호박멸치 파운드

재료

두부 1개
참치캔 1개
단호박 20g
멸치 20g
박력쌀가루 100g
계란 1개
동물성생크림 15g
올리브오일 소량

만들기

1. 참치캔은 물에 한번 씻은 후 끓는물에 데친 후 물을 빼서 준비한다.
2. 멸치는 차가운물에 1시간 이상 담궈 염분을 제거 후 물기를 빼고 잘게 다진다.
3. 단호박은 껍질채 찐 후 껍질을 벗겨 준비한다.
4. 두부는 끓는물에 데쳐 익힌 후 면포에 걸러 물기를 제거한다.
5. 단호박과 두부는 곱게 으깨 섞어놓는다.
6. 볼에 박력쌀가루를 체쳐넣고 잘 풀어놓은 계란과 생크림을 넣고 자르듯 섞는다.
7. 준비한 재료를 모두 넣어 주걱으로 반죽하듯 섞어준다.
8. 파운드틀에 올리브오일을 골고루 발라준 후 반죽을 8~90% 채워 넣는다.
9. 180도 예열된 오븐에서 25분 구워낸다.

소요시간
1시간 45분

연어렌틸 오븐구이

재료

생연어 200
귀리 20g
렌틸 10g
캣닢파우더 약간

만들기

1 생연어는 차가운 물에 30분 이상 담가 염분을 제거한 후 키친타월로 물기를 뺀다.
2 연어 껍질을 벗겨내고 2cm×6cm 크기로 자른다.
3 귀리와 렌틸은 잘 씻은 후 물에 담가 1시간 이상 불려준다.
4 팬에 유산지를 깔고 연어를 넓은 간격으로 패닝한다.
5 연어 위에 불려놓은 귀리와 렌틸을 적당히 올려준다.
6 180도 예열된 오븐에서 20~23분 구워낸다.
7 식기 전에 캣닙파우더를 살짝 뿌려 데코한다.

집사도 함께 먹어요

- 생연어를 오븐에 굽기 전 소금과 후추로 간을 살짝 해주세요.
- 오븐에 구울 때 버터를 조금 넣어 구우면 감칠맛이 나요.
- 집사가 먹을 땐 간을 하고 캣닙 파우더는 생략해주세요.

소요시간
40분

디포리 고구마말이

재료

고구마 150g
당근 30g
디포리 20개
달걀 1개
박력쌀가루 50g
동물성 생크림 1큰술
전분 약간

만들기

1 고구마는 껍질째 찐 후 껍질을 제거해 으깨어준다.
2 당근은 채를 썰고 끓는 물에 데쳐 익혀준다.
3 디포리는 1시간 이상 물에 담가 염분을 제거하고 키친타월로 물기를 닦아낸다.
4 으깨놓은 고구마에 달걀, 박력쌀가루, 생크림을 넣어 주걱으로 자르듯 섞는다.
5 반죽을 20g씩 소분하여 바닥에 전분을 뿌리고 밀대로 밀어편다.
6 밀어편 반죽에 디포리와 채 썬 당근을 넣고 돌돌 말아준다.
7 팬에 굴려 반죽 표면에 달걀물을 발라준다.
8 180도 예열된 오븐에서 12~15분 정도 구워낸다.

소요시간
30분

사료쿠키

재료

고양이 사료 100g
고구마 100g
박력쌀가루 15g
닭간 파우더 10g
달걀 1개
올리고당 1큰술

만들기

1 고양이 사료를 믹서기로 곱게 갈아준다.
2 고구마는 쪄서 껍질을 벗기고 볼에 곱게 으깨준다.
3 으깬 고구마에 달걀과 올리고당을 넣어 잘 섞어준다.
4 갈아놓은 사료와 닭간 파우더를 넣어 자르듯 살짝만 섞는다.
5 박력쌀가루를 체 쳐서 넣고 주걱으로 자르듯 섞은 다음, 한 덩이가 되도록 손반죽한다.
6 반죽은 일회용 비닐에 넣어 일정한 두께로 밀어편다.
7 잘 밀봉해 냉장에서 30분 휴지시킨다.
8 휴지가 완료된 반죽에 전분을 살짝 묻혀 밀대로 밀어편다(0.7cm 정도)
9 오븐에 패닝한다.
10 170도 예열된 오븐에서 12~15분 정도 구워낸다.
11 완전히 식은 후 코티지 두부크림에 색소를 넣어 눈코입을 그려준다.

소요시간
1시간 30분

블루바나나 슈트루델

재료

반죽
박력쌀가루 150
건식 찹쌀가루 50g
달걀 1개
락토프리 우유 100g
노른자 1개

필링
바나나 3개
블루베리 30g

크림
코티지치즈 150g
플레인요거트 150g
바닐라빈 약간
닭간 파우더 약간

만들기

반죽
1 전 재료를 볼에 넣고 치대듯 표면이 매끈해질 때까지 반죽한다.
2 25~30g씩 분할 후 표면에 올리브오일을 발라 래핑한다.
3 냉장고에 30분 이상 휴지시킨다.

필링
1 바나나는 껍질을 벗기고 0.5cm 두께로 썰어준다.
2 블루베리는 잘 씻어 반은 칼로 잘라주고 반은 그대로 사용한다.

크림
1 코티지치즈에 플레인요거트를 넣어 믹서기로 갈아 부드러운 크림을 만든다.
2 크림에 바닐라빈과 닭간 파우더를 소량 넣어 색과 향을 더해준다.

종합
1 휴지가 완료된 반죽을 밀이펴 필링을 넣고 크림을 살짝 채운 후 말아준다.
2 180도 예열된 오븐에 13~15분 정도 구워내 적당한 크기로 잘라준다.
3 그릇에 담은 후 크림을 부어준다.
4 슬라이스한 바나나를 올리고 닭간 파우더를 살짝 뿌려 데코한다.

집사도 함께 먹어요

- 반죽에 설탕 10g, 소금 3g, 버터 5g을 추가해 만들어주세요.
- 집사가 먹을 땐 닭간 파우더를 제외하고 만들어주세요.
- 집사가 먹는 크림은 두유 200g, 설탕 20g 계량 후 바닐라빈을 넣고 끓여주세요. 그 후 노른자 2개를 2번에 나눠 넣어 믹싱하고 85~90도까지 끓여 익힌 후 얼음물로 식혀 차갑게 드시면 맛있어요.

소요시간
1시간 30분

닭 가슴살 티라미수

재료

닭 가슴살 50g
박력쌀가루 20g
달걀 1개
락토프리 우유 15g
단호박 10g
올리브유 약간
닭간 파우더
코티지 파우더 약간

만들기

1 닭 가슴살은 차가운 식초물에 30분 이상 담근 후 물기를 제거한다.
2 단호박은 껍질을 제거하고 깍둑썰기한다.
3 닭 가슴살과 단호박 그리고 나머지 재료를 믹서기에 넣어 곱게 갈아준다.
4 머핀틀에 올리브유를 골고루 발라준 후 반죽을 80% 채워넣는다.
5 230도 예열된 오븐에서 30분간 구워낸다.
6 윗면에 닭간 파우더를 체치고 스텐실을 올려 코티지 파우더로 모양을 내준다.

소요시간
1시간

황태 달걀 푸딩

재료

황태 30g
노른자 20g
브로콜리 10g
당근 20g
물 200g
한천가루 3g

만들기

1. 황태는 물에 30분 이상 담가 염분을 뺀다.
2. 물기를 제거하고 가위로 잘게 잘라준다.
3. 당근과 브로콜리는 끓는 물에 익힌 후 잘게 다져준다.
4. 당근, 브로콜리, 노른자를 섞어 몰드에 반 채워넣는다.
5. 찜기에 10분 정도 쪄서 노른자를 익힌다.
6. 냄비에 물을 끓이고 가장자리가 끓기 시작하면 한천가루를 넣어 거품기로 잘 풀어준다.
7. 잘게 잘라놓은 황태를 넣어 섞은 후 몰드에 부어 마저 채워준다.
8. 1시간 이상 냉장고에 넣어 굳힌다.

소요시간
1시간

코티지 다쿠아즈

재료

소고기 안심 20g
광어 20g
달걀 30g
감자전분 20g
코티지 두부크림 50g

만들기

1 소고기와 광어는 끓는 물에 익혀 불순물을 제거해준다.
2 물에 씻은 후 잘게 다져놓는다.
3 감자는 삶은 후 껍질을 제거하고 으깨준다.
4 달걀을 풀어 감자전분을 넣고 소고기와 광어에 반반 넣어 반죽해 준다.
5 적당한 크기로 분할해 2장씩 만든다.
6 중간 샌딩을 코티지 두부크림을 넣은 후 다쿠아즈 모양으로 빚는다.
7 220도 예열된 오븐에 7~10분 구워낸다.

소요시간
1시간

과일젤리

재료

말린 과일
(딸기, 토마토, 키위,
사과 등)
물 300g
한천가루 4g

만들기

1 말린 과일을 몰드 크기에 맞게 잘라 준비한다.
2 몰드에 과일을 알맞게 넣어 데코한다.
3 냄비에 물을 끓여 한천가루를 넣고 거품기로 잘 풀어준다.
4 몰드에 한천물을 채워넣는다.
5 냉장고에서 1시간 이상 굳힌다.

집사도 함께 먹어요

- 집사는 시트러스 계열을 사용해 만들어보세요.
- 고양이들은 시트러스계 과일을 먹으면 좋지 않아요.

소요시간
1시간

삼색양갱

재료

황태 15g
소고기 안심 15g
닭간 파우더 3g
물 300g
한천가루 3g

만들기

1 황태는 물에 30분 이상 담가 염분을 제거하고 잘게 잘라준다.
2 소고기는 익혀 잘게 다져준다.
3 물을 끓여 1/3에 한천가루 1g을 넣어 황태를 넣어 섞어준다.
4 몰드에 황태물을 1/3 채워 굳힌다.
5 두 번째 물에 한천가루 1g을 넣고 소고기를 섞어준다.
6 몰드에 2/3 채워 굳힌다.
7 마지막 한천 물에 닭간 파우더를 섞어 몰드에 마저 부어 삼색을 만든다.
8 냉장고에 1시간 이상 굳힌다.

소요시간
1시간

소고기 연어 푸딩

재료

소고기 안심 20g
생연어 20g
물 300g
한천가루 4g

만들기

1 소고기와 연어는 익힌 후 잘게 다진다.
2 냄비에 물을 끓이고 한천가루를 풀어 잘 섞어준다.
3 한천가루를 섞은 물을 반으로 나눠 소고기를 넣어 섞어주고 나머지엔 연어를 넣어준다.
4 푸딩컵에 소고기 한천물을 넣어 굳힌다.
5 어느 정도 굳으면 연어 한천물을 넣어 냉장고에서 1시간 이상 굳힌다.

소요시간
1시간

바나나 스콘

재료

반죽
바나나 70g
박력쌀가루 120g
탈지분유 30g
생크림 30g
달걀 1개

글레이즈
바나나 30g
플레인요거트 100g

만들기

1 바나나를 으깨 생크림과 노른자를 넣어 핸드믹서로 믹싱한다.
2 가루류를 체 쳐서 넣은 후 접고 펴고 반죽을 반복해 하나의 덩어리로 만들어준다.
3 비닐에 넣어 일정한 두께로 밀어펴 1시간 냉장에서 휴지한다.
4 7~8등분으로 분할하고 원하는 모양으로 성형 후 패닝한다.
5 달걀물을 윗면에 붓으로 발라준다.
6 175도 예열된 오븐에서 17~20분 구워낸다.
7 글레이즈용 바나나를 플레인요거트에 넣어 갈아준다.
8 오븐에서 구워진 스콘을 한김 식힌 후 글레이즈를 올려 바나나로 데코한다.

소요시간
2시간

단호박 밤식빵

재료

강력쌀가루 200g
단호박 50g
밤 20g
드라이이스트 1작은술
에스트리톨 10g
락토프리 우유 140g
천연 무염버터 20g

만들기

1. 단호박과 밤은 찜기에 찐 후 작게 썰어준다.
2. 쌀가루, 이스트, 에스트리톨을 계량하여 볼에 넣고 잘 섞어준다.
3. 가루류에 우유를 넣어 적당히 섞어준다.
4. 포마드 상태의 버터를 넣고 고속으로 8분 정도 반죽한다.
5. 저속으로 기포를 정리한다.
6. 적당한 크기로 분할하고 둥글리기 후 비닐을 덮어 15분간 휴지시킨다.
7. 기포를 빼면서 밀대로 밀어 식빵 모양으로 성형한다.
8. 패닝 후 뜨거운 물 증기를 이용해 2배로 부풀 때까지 발효시킨다.
9. 2배가 부푼 후 170도 예열된 오븐에서 20분간 구워낸다.

집사도 함께 먹어요

- 집사가 먹는 단호박 밤식빵엔 소금을 넣고 에스트리톨 대신 설탕을 넣어 만들어주세요.

소요시간
30분

연어 냥드위치

재료

단호박 밤식빵 2장
생연어 1장
저염 슬라이스치즈 1장
토마토 2장
양상추 10g
코티지치즈 20g
플레인요거트 20g

만들기

1 생연어는 끓는 물에 넣어 익힌 후 기름기와 물기를 제거한다.
2 토마토는 끓는 물에 데쳐 슬라이스 한다.
3 단호박 밤식빵에 양상추, 연어, 치즈, 토마토 등을 올린다.
4 코티지치즈와 플레인요거트를 소스로 넣어준다.
5 샌드위치 모양으로 만들어 완성한다.

소요시간
1시간

밤고구마 몽블랑

재료

바닥지

고구마 200g
꿀 20g
동물성 생크림 35g

몽블랑

고구마 100g
밤 200g
꿀 30g
동물성 생크림 50g
닭간 파우더 약간

만들기

바닥지

1 고구마를 찐 후 으깬다.
2 꿀과 동물성 생크림을 넣어 섞어준다.
3 둥근 쿠킹틀에 반죽을 채운 후 틀을 제거해 모양을 만든다.

몽블랑

1 고구마와 밤을 찐 후 으깨준다.
2 꿀과 생크림, 닭간 파우더를 넣어 크림 형태의 반죽으로 믹싱한다.
3 짤주머니에 넣어 바닥지 위에 둥근 몽블랑 모양으로 파이핑한다.
4 밤을 하나 올려 데코해준다.

소요시간
1시간

소고기 클라우드슈

재료

소고기 설도 20g
달걀 1개
감자 25g
올리브오일 약간

만들기

1 달걀은 흰자와 노른자를 분리해놓는다.
2 소고기 설도는 끓는 물에 넣어 익혀 불순물을 제거 후 씻어준다.
3 설도를 잘게 썰어 준비한다.
4 감자는 삶아 으깬 후 설도, 노른자를 넣어 반죽해준다.
5 틀에 올리브오일을 바른 후 반죽을 얇게 넣어준다.
6 220도 예열된 오븐에서 3~5분 정도 구워낸다.
7 볼에 흰자를 부어 휘핑기로 90% 휘핑해준다. (머랭뿔이 생기는 정도까지)
8 구워낸 고기반죽칩 위에 흰자머랭을 올려준다.
9 180도 예열된 오븐에서 1분 더 구워낸다.

소요시간
1시간

치즈 스노우볼

재료

락토프리 우유 500g
레몬즙 25g
연어 10g
광어 10g
황태 파우더 약간
연어 파우더 약간
꿀 약간

만들기

1 락토프리 우유를 냄비에 끓인다.
2 가장자리가 보글보글 끓기 시작하면 레몬즙을 넣어 잘 저어준다.
3 유청이 분리되면서 몽글몽글한 상태가 되면 불에서 내리고 면포에 거른다.
4 물기를 짠 후 냉장보관 후 사용한다.
5 연어와 광어는 끓는 물에 익혀 씻은 후 1cm로 잘라둔다.
6 미리 만들어놓은 치즈에 연어와 연어 파우더를 올리고 치즈로 덮어 둥글게 빚어준다.
7 다른 하나는 광어와 황태 파우더를 올려 둥글게 빚어준다.
8 둥근 모양의 볼이 완성되었다면 표면에 꿀을 살짝 발라 코티지치즈에 굴려준다.

소요시간
1시간

고기 월병

재료

닭 가슴살 20g
오리 안심 20g
단호박 100g
고구마 50g
고구마전분 5g

만들기

1 닭 가슴살과 오리 안심은 큐브 모양으로 잘라 쪄준다.
2 단호박과 고구마를 찐 후 껍질을 벗겨 으깨준다.
3 으깬 단호박과 고구마에 전분을 넣어 부드럽게 반죽한다.
4 반죽에 닭과 오리를 각각 넣어 단호박 고구마 반죽으로 감싸준다.
5 반죽에 전분을 넉넉히 발라준 후 월병틀로 찍어낸다.
6 냉동보관 가능하다.

소요시간
1시간

쉬림프 머핀

재료

닭 다리살 50g
새우 30g
양배추 20g
브로콜리 20g
달걀 1개
캣닙가루 약간
올리브유 약간

만들기

1 닭 다리살과 새우는 깨끗하게 씻어 물기를 뺀다.
2 양배추와 브로콜리는 끓는 물에 살짝 데친 후 물기를 빼준다.
3 모든 재료를 믹서기에 넣어 갈아준다.
4 머핀틀에 올리브유를 꼼꼼하게 발라준다.
5 반죽을 머핀틀에 90% 채워넣는다.
6 윗면에 새우, 브로콜리 등으로 데코해준다.
7 캣닙가루 또는 파슬리를 살짝 뿌려준다.
8 찜기에 넣어 10분간 쪄준다.

소요시간
30분

호박파이

재료

새우 10g
소고기 안심 10g
단호박 50g
달걀 20g
저염치즈 1/2개
올리브유 약간

만들기

1 새우와 소고기는 씻은 후 물기를 제거한다.
2 단호박은 삶은 후 껍질을 벗겨 으깬다.
3 새우, 소고기, 단호박, 달걀을 믹서기에 넣어 갈아준다.
4 미리 준비해둔 파이지에 반죽을 적당히 올린다.
5 반죽 표면에 올리브유를 살짝 바른다.
6 240도 예열된 오븐에서 30분 구워낸다.

소요시간
30분

츄르(오리, 채소)

재료

오리

오리 안심 60g
멸치 2~3개
단호박 20g
당근 10g
브로콜리 20g
감자전분 1스푼
물 300g

채소

단호박 50g
새송이버섯 10g
파프리카 10g
양배추 20g
당근 10g
브로콜리 20g
감자전분 1스푼
물 300g

만들기

오리

1 단호박, 당근, 브로콜리는 끓는 물에 넣어 익힌 후 물기를 제거한다.
2 멸치는 물에 30분 이상 담근 후 염분과 물기를 제거한다.
3 모든 재료를 잘게 다져준다.
4 냄비에 물 300g과 모든 재료를 넣어 보글보글 끓여준다.
5 보글보글 끓으면 감자전분을 한 스푼 넣어 한 번 더 끓여 걸쭉하게 만들어준다.

채소

1 모든 채소는 씻은 후 물기를 제거한다.
2 단호박은 찜기로 찐 후 잘게 다진다.
3 파프리카와 양배추, 브로콜리는 끓는 물에 살짝 데친 후 잘게 다진다.
4 당근은 끓는 물에 완전히 익힌 후 잘게 다진다.
5 냄비에 물 300g과 채소를 넣어 보글보글 끓여준다.
6 끓기 시작하면 전분을 한 스푼 넣어 걸쭉하게 만들어준다.

소요시간
1시간

연어 에클레어

재료

락토프리 우유 130g
단호박 60g
연어 30g
박력쌀가루 75g
달걀 2개
코티지치즈 50g
두부 50g
데코용 생과일 약간

만들기

1 단호박은 찐 후 껍질을 제거한다.
2 연어는 끓는 물에 넣어 익힌다.
3 단호박과 연어에 우유를 넣어 곱게 갈아준다.
4 냄비에 넣어 중불로 끓여준다.
5 가장자리가 끓으면 박력쌀가루를 체 쳐서 넣어 잘 저어준다.
6 모든 재료가 섞이고 보글보글 끓으면 불에서 내린다.
7 달걀은 잘 풀어 2~3번 나눠 넣으며 거품기로 섞어준다.
8 식으면 짤주머니에 반죽을 넣은 후 7~10cm 정도 길이로 파이핑한다.
9 윗면에 물을 뿌리고 200도 예열된 오븐에서 10분 구워낸다.
10 코티지치즈와 두부는 1:1 비율로 계량 후 곱게 갈아 크림으로 만든다.
11 식은 에클레어 윗면을 살짝 파낸 후 크림을 짜고 과일로 데코한다.

소요시간
1시간

토마토 와플

재료

박력쌀가루 52g
달걀 30g
탈지분유 10g
락토프리 우유 30g
방울토마토 5~6개
코티지치즈 50g
저염치즈 약간
파슬리가루 약간

만들기

1 토마토는 끓는 물에 데쳐 물기를 뺀다.
2 볼에 달걀을 풀고 핸드믹서로 베이지색이 될 때까지 믹싱한다.
3 가루류를 체쳐넣고 주걱으로 자르듯 섞는다.
4 우유를 넣어 마저 섞어준다.
5 짤주머니에 넣어 와플팬에 패닝해 앞뒤로 노릇노릇하게 구워낸다.
6 완성된 와플 위에 토마토를 슬라이스해서 올리고 저염치즈와 코티지치즈를 올린다.
7 200도 예열된 오븐에서 7분간 구워 치즈를 녹여준다.
8 파슬리를 뿌려 마무리한다.

소요시간
30분

메추리볼

재료

닭 가슴살 140g
박력쌀가루 15g
메추리알 10개
당근 10g
케일 10g

만들기

1 메추리알을 삶아 껍질을 깐다.
2 닭가슴살은 식초물에 30분 이상 담근 후 물기를 제거한다.
3 닭가슴살을 큐브 모양으로 잘라 준비한다.
4 당근과 케일은 끓는 물에 익히고 데쳐 적당한 크기로 썰어준다.
5 닭가슴살, 당근, 케일을 믹서기에 넣어 갈아준다.
6 갈아놓은 재료에 박력쌀가루를 체 쳐서 넣어 반죽하듯 치대준다.
7 메추리 알을 가운데 넣고 반죽을 감싸준다.
8 170도 예열된 오븐에서 20분간 구워낸다.

YONG

소요시간
45분

딸기 호박롤

재료

딸기 10알
단호박 200g
박력쌀가루 55g
감자전분 5g
코티지치즈 50g
두부 50g

만들기

1 딸기 꼭지를 제거하고 깨끗하게 씻은 후 적당한 크기로 잘라 키친 타월로 물기를 제거한다.
2 단호박은 삶은 후 껍질을 벗겨 으깨준다.
3 으깨놓은 단호박에 가루류를 체 쳐서 넣고 섞은 다음 반죽한다.
4 두부는 데쳐 익힌 후 면포에 걸러 물기를 제거해준다.
5 코티지치즈와 두부를 믹서기에 넣어 크림처럼 만든다.
6 바닥에 전분을 살짝 뿌린 후 반죽을 15cm × 15cm 사이즈로 밀어 편다.
7 크림을 밀어편 반죽 위 전체 올려준다.
8 가운데 일렬 형태로 딸기를 촘촘하게 올려준다.
9 바닥에서 반죽을 살살 떼가면서 돌돌 말아 완성한다.
10 냉장고에서 30분 이상 보관 후 먹기 좋은 한입 크기로 잘라준다.

소요시간
30분

고구마빵

재료

고구마 300g
동물성 생크림 20g
락토프리 우유 15g
박력쌀가루 10g
적색고구마 파우더 약간

만들기

1 고구마는 찜기에 푹 찐후 껍질을 벗기고 으깬다.
2 볼에 고구마와 생크림, 우유를 넣어 주걱으로 섞어준다.
3 박력쌀가루를 체 쳐서 넣은 후 마저 섞어준다.
4 고양이가 먹기 좋은 크기로 분할 후 고구마 모양으로 성형한다.
5 적색고구마 파우더를 쟁반에 펼친 후 성형한 고구마 반죽을 굴려 완성한다.

소요시간
30분

감자빵

재료

감자 300g
동물성 생크림 20g
락토프리 우유 15g
박력쌀가루 10g
캣닢 파우더 약간

만들기

1 감자는 찜기에 푹 찐 후 껍질을 벗기고 으깬다.
2 볼에 감자와 생크림, 우유를 넣어 주걱으로 섞어준다.
3 박력쌀가루를 체 쳐서 넣은 후 마저 섞어준다.
4 고양이가 먹기 좋은 크기로 분할 후 감자 모양으로 성형한다.
5 반죽 표면에 캣닢 파우더를 아주 조금 발라 감자 모양으로 완성한다.

소요시간
30분

도미 오트밀 도넛

재료

도미 100g
오트밀 10g
당근 15g
달걀 30g
박력쌀가루 20g

만들기

1 도미는 식초물에 30분 이상 담근 후 물기를 제거한다.
2 오트밀은 물에 담가 불려놓는다.
3 도미를 잘게 다진 후 박력쌀가루와 달걀을 넣어 반죽한다.
4 도넛 모양의 몰드에 오트밀을 깔고 반죽을 채워넣는다.
5 찜기에 10분간 쪄낸다.

간식 / 베이커리

소요시간
1시간

대추쿠키

재료

대추 10개
단호박 70g
달걀 20g
박력쌀가루 50g

만들기

1 대추는 씨를 제거하고 뜨거운 물에 담가 불려준다.
2 물기를 제거하고 잘게 썰어 준비해둔다.
3 단호박은 찐 후 으깨고 달걀을 넣어 섞어준다.
4 단호박에 가루류와 대추를 넣고 섞어준다.
5 두께 0.7~1cm로 밀어편 후 비닐로 밀봉해 30분간 냉장 휴지한다.
6 적당한 크기로 잘라 패닝한다.
7 표면에 달걀물을 바른다.
8 170도 예열된 오븐에 20분간 구워낸다.

소요시간
1시간

블루베리 황태푸딩

재료

블루베리 6알
황태 5줄
물 300g
한천가루 4g

만들기

1 황태는 물에 30분 이상 담가 염분을 제거한다.
2 물기를 잘 말리고 가위로 잘게 썰어 준비해둔다.
3 블루베리는 흐르는 물에 잘 씻은 후 반으로 잘라 준비한다.
4 냄비에 물을 끓이고 한천가루를 넣어 잘 풀어준다.
5 황태를 모두 넣어 마저 끓여낸다.
6 준비된 틀에 황태 물을 부어 살짝만 굳힌다.
7 표면에 블루베리를 올렸을 때 가라앉지 않을 정도일 때 블루베리를 올려 데코한다.
8 냉장고에 1시간 이상 굳힌다.

소요시간
1시간

대추 크럼블

재료

크럼블
오트밀 50g
박력쌀가루 50g
달걀 1개
노른자 1개
대추 100g
올리브유 약간

필링
대추 200g
꿀 20g
물 100g

만들기

1 대추 100g은 씨를 제거하고 잘게 다져준다.
2 볼에 크럼블 재료를 모두 넣고 주걱으로 섞는다.
3 손으로 비비듯 반죽을 마무리하고 크림블 상태로 만든다.
4 냉장고에 30분 이상 둔다.
5 대추 200g의 씨를 제거하고 잘게 다져준다.
6 냄비에 물을 끓여 다진 대추와 꿀을 넣어 조려준다.
7 몰드에 올리브유를 살짝 바르고 크럼블을 바닥에 1/2 깔고 필링을 채운 후 크럼블을 마저 올린다.
8 180도 예열된 오븐에서 30분간 구워낸다.

소요시간
1시간 30분

고구마 플로랑탱

재료

쿠키
고구마 50g
생크림 10g
노른자 1개
박력쌀가루 100g

누가
생크림 50g
꿀 30g
말린 사과
말린 고구마 약간

만들기

1 고구마는 찐 후 으깨준다.
2 생크림과 노른자를 볼에 넣어 믹서기로 크림화한다.
3 으깬 고구마와 가루류를 체 쳐서 넣어주고 주걱으로 자르듯 섞어준다.
4 비닐에 넣어 1시간 냉장휴지 시킨다.
5 틀보다 크게 밀어펴준다.
6 반죽에 포크질을 하고 170도 예열된 오븐에서 10분 구워낸다.
7 팬에 생크림, 꿀을 넣고 끓여준다.
8 약간 끓기 시작할 때 말린 고구마와 사과를 넣어 마저 졸인다.
9 반죽을 틀에 맞게 잘라 넣어 누가를 올려준다.
10 170도 예열된 오븐에서 15분 더 구워낸다.

집사도 함께 먹어요

- 그냥 먹어도 좋지만 조금 더 단맛을 내려면 누가반죽에 설탕 5g, 버터 5g을 추가해요.

소요시간
1시간

두부 로미아스

재료

두부 90g
흰자 30g
코티지치즈 30g
박력쌀가루 100g
블루베리잼
토마토잼
케일잼

만들기

1 두부는 끓는 물에 데친 후 면포에 걸러 물기를 제거한다.
2 두부에 코티지치즈와 흰자를 넣고 핸드믹서로 풀어준다.
3 박력쌀가루를 체 쳐서 넣고 주걱으로 자르듯 섞어준다.
4 반죽이 완성되었으면 짤주머니에 넣어준다.
5 별깍지로 팬에 둥근 모양으로 패닝한다.
6 가운데 부분은 잼을 넣어 마무리한다.
7 170도 예열된 오븐에 10~12분 구워낸다.

집사도 함께 먹어요

- 반죽에 버터 10g, 설탕 20g을 추가해보세요.

소요시간
1시간

당근 보틀 케이크

재료

닭 가슴살 1개
두부 1/2모
감자 1/2개
당근 30개
브로콜리 약간
박력쌀가루 30g
단호박 10g
코티지치즈 50g
플레인요거트 50g
닭간 파우더 약간

만들기

1 닭가슴살을 익힌 후 갈아준다.
2 감자와 단호박은 삶아 익힌 후 껍질을 제거하고 으깨준다.
3 당근과 브로콜리는 끓는 물에 익힌 후 다진다.
4 볼에 익힌 재료들을 넣고 박력쌀가루를 체 쳐서 넣어 반죽한다.
5 사각팬에 올리브오일을 바른 후 반죽을 넣어준다.
6 180도 예열된 오븐에 20분간 구워낸다.
7 시트가 식을 동안 코티지치즈와 플레인요거트를 1:1 비율로 갈아준다.
8 크림 형태가 되었을 때 짤주머니에 넣어둔다.
9 시트가 식으면 손으로 떼어내 용기 바닥에 몇 개 넣어준다.
10 크림을 두르고 시트를 넣고를 반복해준다.
11 닭간 파우더를 뿌려 마무리한다.

집사도
함께 먹어요

- 반죽에 버터 10g, 설탕 20g을 추가해보세요.

소요시간
1시간

두부크림 고양이케이크

재료

새우 30g
닭 가슴살 20g
브로콜리 10g
당근 10g
달걀 1개
락토프리 우유 20g
박력쌀가루 80g

크림

두부 1개
코티지치즈(두부와 동량)
식용색소 약간

만들기

1 새우와 닭 가슴살을 익힌 후 잘게 다진다.
2 브로콜리와 당근을 익힌 후 잘게 다진다.
3 다진 재료에 달걀, 우유를 넣어 섞어준다.
4 박력쌀가루를 체 쳐서 넣고 잘 섞어 반죽한다.
5 175도 예열된 오븐에서 28분간 구워낸다.
6 식힌 후 고양이 모양으로 재단을 한다.
7 두부는 끓는 물에 익힌 후 면포에 걸러 물기를 제거한다.
8 코치지치즈와 두부를 1:1 비율로 갈아 크림화한다.
9 준비된 시트 표면에 크림을 발라 고양이 모양으로 만들어준다.

소요시간
1시간

닭간 샌드

재료

쌀식빵 2장
닭가슴살 10g
당근 5g
닭간 파우더 5g
코티지치즈 10g
플레인요거트 20g

만들기

1 쌀식빵을 준비하고 가장자리를 잘라낸다.
2 닭 가슴살은 끓는 물에 익힌 후 흐르는 물에 씻어 물기를 뺀다.
3 닭 가슴살을 잘게 다진다.
4 당근은 끓는 물에 익힌 후 잘게 다져 준비한다.
5 볼에 식빵을 제외한 모든 재료를 넣고 잘 섞어준다.
6 식빵 사이에 반죽을 넣고 반을 접어 샌드기계로 2~3분 구워준다.
7 먹기 좋은 크기로 잘라 그릇에 담는다.
8 코티지치즈와 플레인요거트를 1:2 비율로 믹서기로 간 후 샌드 위에 올려준다.

소요시간
1시간

코티지치즈 상투볼

재료

고구마 350g
락토프리 우유 120g
노른자 35g
꿀 2스푼
코티지치즈 30g

만들기

1 고구마는 삶은 후 껍질을 벗겨내 으깨준다.
2 달걀노른자와 우유, 코티지치즈를 모두 넣어 잘 섞어준다.
3 반죽이 되직하게 되었다면 상투과자 깍지를 끼운 짤주머니에 넣어준다.
4 팬에 일정한 간격으로 패닝해준다.
5 170도 예열된 오븐에 12~15분 정도 구워낸다.

집사도 함께 먹어요

- 반죽에 소금 한 꼬집, 시나몬 가루 약간, 헤이즐넛 가루 30g을 추가해 넣어보세요.

소요시간
1시간 30분

블루베리 스펀지롤

재료

시트

달걀 60g
박력쌀가루 50g
바닐라빈 소량
버터 5g

크림

코티지치즈 60g
두부 40g
플레인요거트 20g
블루베리 약간

만들기

1 큰 볼에 달걀을 계량한다.
2 바닐라빈을 소량 넣은 후 거품기로 2배가 될 때까지 믹싱한다.
3 버터는 중탕해 준비해둔다.
4 2배가 된 달걀에 박력쌀가루를 체 쳐서 넣어 주걱으로 자르듯 섞는다.
5 녹인 버터에 반죽을 한 주걱 넣어 애벌 반죽한다.
6 전체 반죽에 애벌 반죽을 모두 넣어 잘 섞어준다.
7 사각형 팬에 패닝 후 윗면을 평평하게 펼쳐준다.
8 170도 예열된 오븐에 25분 구워낸다.
9 시트가 식는 동안 크림을 만들어준다.
10 두부는 익힌 후 면포에 걸러 물기를 제거한다.
11 코티지치즈, 두부, 플레인요거트를 모두 믹서기에 넣어 크림화한다.
12 식은 시트 위에 크림을 모두 올려주고 가운데 일렬로 블루베리를 올린다.
13 시트를 돌돌 말아준다.
14 먹기 좋은 크기로 잘라낸다.

소요시간
40분

닭 가슴살 쿠키

재료

닭 가슴살 100g
단호박 80g
박력쌀가루 200g
달걀 2개
올리브오일 약간
닭간 파우더 약간

만들기

1 닭가슴살은 식초물에 담가 30분 소독 후 물로 씻어낸다.
2 물기를 제거하고 큐브 모양으로 잘라준다.
3 단호박은 찜기에 찐 후 껍질을 제거한다.
4 믹서기에 닭 가슴살, 단호박, 달걀, 닭간 파우더(색 내기)를 넣고 다져준다.
5 박력쌀가루를 체 쳐서 넣은 후 주걱으로 잘 섞어준다.
6 반죽이 완성되었으면 원하는 모양으로 성형한다.
7 170도 오븐에 8~10분 구워낸다.

소요시간
1시간

삼색 슈

재료

슈볼

버터 15g
달걀 100g
박력쌀가루 50g
물 약간

충전물

코티지치즈 60g
두부 60g
연어 20g
도미 20g
오리 안심 20g

만들기

1 큰 볼에 중탕한 버터를 계량하고 박력쌀가루를 체 쳐서 넣는다.
2 불을 올려 타지 않게 섞어가며 호화시켜준다.
3 반죽이 매끈한 덩어리가 되었으면 불에서 내린다.
4 풀어놓은 달걀을 2~3회 정도 나눠 넣으며 섞어준다.
5 원 모양 깍지를 끼운 짤주머니에 반죽을 넣어 패닝한다.
6 패닝한 반죽 위 물을 듬뿍 뿌려준다.
7 185도에서 20~25분 정도 구워낸다.
8 반죽이 꺼지지 않도록 구운 후 오븐 안에 10분 정도 그대로 둔다.
9 두부는 끓는 물에 익힌 후 면포에 걸러놓는다.
10 코티지치즈와 두부를 믹서기에 넣어 간 후 3등분 해준다.
11 익힌 연어, 도미, 오리 안심을 잘게 다져 각각 만들어준다.
12 다 구워진 슈는 완전히 식힌 후 뒷면에 구멍을 내어준다.
13 짤주머니에 충전물을 넣어 슈 구멍으로 넣어 채워준다.

소요시간
30분

단호박케일 쿠키

재료

단호박 100g
케일 20g
박력쌀가루 50g
고구마전분 5g

만들기

1 단호박은 찜기에 찐 후 껍질을 벗긴다.
2 케일은 끓는 물에 살짝 데친 후 다진다.
3 단호박을 으깨고 박력쌀가루를 체 쳐서 넣어 반죽한다.
4 단호박 반죽을 반으로 나눠 하나에는 다진 케일을 섞는다.
5 바닥에 단호박 반죽을 밀어펴고 그 위에 케일 반죽을 밀어펴 올린다.
6 그 상태로 돌돌 말아 먹기 좋은 크기로 잘라준다.
7 170도 예열된 오븐 10분 정도 구워낸다.
8 완성된 쿠키에 케일 등으로 장식한다.

소요시간
1시간

코티지치즈

재료

락토프리 우유 1L
레몬즙 5g

만들기

1 냄비에 우유를 넣고 끓인다.
2 가장자리가 보글보글 끓어오르면 레몬즙을 넣는다.
3 수저로 저어주고 몽글몽글하게 뭉쳐지면 불에서 내린다.
4 면포에 걸러 유청을 걸러낸다.
5 치즈가 덩어리가 되도록 냉장보관 후 사용한다.

가자미 미역국 | 가지치즈구이 | 감자수프 | 고기묵 | 누룽지 관자구이 | 달걀찜 | 닭곰탕 | 닭 떡갈비 | 닭 샐러드 | 닭온반 | 대구탕 | 돼지고기 덮밥 | 두부 스테이크 | 두부 전골 | 떡국 | 맛탕 | 모둠초밥 | 뭇국 | 반계탕 | 북어강정 | 북엇국 | 사슬적 | 삼겹살롤구이 | 새우국수 튀김 | 새우전 | 생선구이 | 생선찜 | 세 가지 전 | 소고기편채 | 스테이크 | 알감자새우구이 | 연어까스 | 오리옹심이 | 유부밥 | 잔멸치볶음 | 채소죽 | 크로켓 | 편육 | 해물꼬치 | 해물 냉채 | 해물떡볶이 | 해물마죽 | 해물파스타 | 해파리냉채 | 호박선

PART

04

화식 레시피

소요시간
30분

가자미 미역국

재료

미역 20g
가자미 1/2토막(50g)
참기름
무 10g
멸치육수

만들기

1 무는 얇게 저며 연필깍기하고 미역은 바락바락 주물러 깨끗이 씻은후 참기름에 주물러 둔다
2 가자미는 깨끗이 씻어 물기를 뺀후 노릇하게 굽는다
3 냄비에 참기름을 넣고 무, 미역을 넣어 볶는다
4 육수를 넣고 푹 끓인다
5 미역국이 다 끓여지면 구운 가자미를 얹어 낸다.

Tip • 멸치대신 멸치가루를 넣고 끓인다.

집사도 함께 먹어요

• 육수에 간장이나 소금으로 간해요.

소요시간
20분

가지치즈구이

재료

가지 1/2개
치즈 2장
연어 20g
닭 가슴살 15g
칵테일새우 20g
전분 1/2작은술
올리브유 약간

만들기

1 가지는 세로로 반 잘라서 필러로 얇게 민다.
2 연어, 닭, 새우는 굵게 다진다.
3 가지 한 면에 전분을 바르고 구운 후 치즈, 연어 등을 얹고 접는다.
4 올리브유를 두른 팬에 ③을 올려, 약불에서 굽는다.

Tip
- 김이 오른 찜기에 쪄서 내도 된다.
- 캣닙가루나 새우가루를 뿌려낸다.

소요시간
30분

감자수프

재료

감자 1알
사과 1개
육수 1/2컵
두유 1/2컵
버터 1작은술

만들기

1 감자와 사과는 껍질을 벗기고 채 썬다.
2 팬에 버터를 두르고 감자채, 사과채를 볶는다.
3 ②에 육수를 넣고 끓인다.
4 두유를 넣고 믹서기에 곱게 간다.

Tip
- 두유 대신 펫 우유를 사용한다.
- 육수가 없으면 두유 등으로 사용한다

집사도 함께 먹어요

- 버터에 양파와 마늘을 넣어 먼저 볶아서 향을 내요.
- 소금, 후춧가루로 간을 해요.

소요시간
30분

고기묵

재료

소고기 40g
육수+수박즙 1컵
한천 1작은술

만들기

1 소고기는 물에 푹 삶아서 가늘게 찢거나 깍둑 썬다.
2 육수를 체에 밭쳐 한천 1작은술을 넣고 끓인다.
3 오목한 그릇에 준비해놓은 고기를 넣고 한천육수를 부어 굳힌다.
4 먹기 좋게 썬다.

집사도 함께 먹어요

- 고기묵에 각종 채소를 넣고 겨자소스에 버무려 먹어요.

소요시간
20분

누룽지 관자구이

재료

가리비 관자 4개
누룽지 2개(3~4cm)
당근, 완두콩 깍지콩 등 합 10g
버터 1큰술

만들기

1 누룽지는 찹쌀이나 현미로 준비한다.
2 관자는 물기를 빼고 칼집을 넣어준 후 버터를 두른 팬에 노릇하게 굽는다.
3 당근 등 채소는 끓는 물에 익혀주거나 볶는다.
4 누룽지, 관자, 채소를 담아낸다.

Tip • 누룽지를 급여할 때는 먹기 좋게 부숴서 낸다.

집사도 함께 먹어요

- 밥을 한 후 바닥에 밥을 깔고 아주 약불에 오래 두어 누룽지를 만들어요.
- 프라이팬에 밥을 얹고 물을 조금 끼얹어서 눌러가며 누룽지를 만들어요.

Miseon

소요시간
20분

달걀찜

재료

달걀 1개
다진 소고기 20g
참기름, 물 약간

만들기

1 달걀에 동량의 물을 부어 잘 저은 후 체에 내린다.
2 소고기는 곱게 다져 달걀물에 넣고 한 번 더 젓는다.
3 찜기 그릇 옆면에 참기름을 바르고 재료를 붓는다.
4 김이 오른 찜기에 얹고 15분 정도 찐다.

Tip
- 채소류, 새우 등도 다져서 넣어도 된다.
- 냄비에 넣고 젓가락으로 계속 저어가며 익혀줘도 된다.

집사도 함께 먹어요

- 달걀물에 명란젓을 넣어요.
- 반쯤 익으면 고춧가루를 뿌리고 한소끔 더 쪄요.

소요시간
40분

닭곰탕

재료

닭고기 60g
숙주나물 20g
은이버섯 10g
청경채 5g(작은 줄기 1개)

만들기

1 닭은 흐르는 물에 깨끗이 세척한다.
2 냄비에 닭을 넣고 잠기게 물을 부은 후 물이 2/3까지 되도록 푹 삶는다.
3 끓는 육수에 버섯, 숙주, 청경채를 잠깐 담가 익힌 후 건진다.
4 육수는 체에 밭쳐 식히고 닭은 건져내서 먹기 좋게 찢는다.
5 그릇에 닭, 버섯, 짧게 썬 숙주를 담고 육수를 붓는다.
6 청경채 줄기를 얹어 낸다.

Tip
- 제철에 나는 여러 가지 채소를 사용한다.
- 약간 미지근하게 해서 급여한다.

집사도 함께 먹어요

- 고춧가루, 액젓을 넣어 양념을 만들어요.

소요시간
30분

닭 떡갈비

재료

닭가슴살 60g
새우 30g
전분 약간
식용유 약간

만들기

1 닭은 흐르는 물에 깨끗이 씻어 굵게 다진다.
2 새우도 굵게 다진다.
3 전분을 넣고 잘 치댄 후 동글 납작하게 빚는다.
4 식용유를 두른 팬에 중약불로 익힌다.

Tip • 뚜껑을 닫고 익힌다.

집사도 함께 먹어요

- 고추장 양념을 해서 닭과 새우에 넣어 섞어준 후 팬에서 익혀 먹어요.

소요시간
30분

닭 샐러드

재료

닭고기(안심) 2조각
채소류(방울토마토, 콜리플라워, 당근, 브로콜리 등) 30g, 과일류 20g
망고 30g
올리브오일 약간
전분 1작은술

만들기

1 닭은 깨끗이 씻어 다진 후 전분을 넣고 치댄 다음 둥글게 모양을 낸다.
2 닭은 180도 오븐에서 8분 정도 노릇하게 굽거나 김 오른 찜기에 찐다.
3 샐러드용 채소와 과일은 깨끗이 씻어 모양내어 썰고 가볍게 데친다.
4 올리브오일, 망고 과육을 넣어 곱게 간다.
5 준비한 닭과 채소, 과일을 담고 망고 소스를 뿌려서 낸다.

Tip • 치즈를 갈아서 위에 뿌린다.

집사도 함께 먹어요

- 닭고기는 카레나 소금, 후춧가루로 밑간해서 구워요.
- 견과류를 토핑하고 꿀을 넣은 머스터드 드레싱을 뿌리거나 마요네즈 소스를 곁들여요.

소요시간
1시간

닭온반

재료

닭 50g
육수 1/3컵
당근 10g
느타리버섯 10g
호박 10g
밥 20g
양배추 10g
대추 약간

만들기

1 닭은 깨끗이 씻어 준비한다.
2 느타리버섯은 찢어 놓고 당근과 호박, 양배추는 1cm로 깍둑 썬다.
3 닭이 잠길 정도의 물을 부어 은근한 불에서 40분 이상 푹 끓인다.
4 닭은 먹기 좋은 크기로 살을 발라놓고 육수는 따로 식힌다.
5 달군 팬에 식용유를 두르고 당근, 느타리버섯, 양배추, 호박을 살짝 볶는다.
6 그릇에 밥, 볶은 채소를 담고 닭고기를 올리고 육수를 적당히 붓는다.

Tip • 육수: 황기, 대추, 통마늘, 통후추, 대파, 생강

집사도 함께 먹어요

- 삶은 닭고기에 밑간(소금, 참기름)해요.
- 국간장, 고춧가루(혹은 다진 청/홍고추), 다진 파, 다진 마늘, 참기름, 깨소금을 넣어 양념장을 만들어요.
- 닭을 삶을 때 황기, 대추, 마늘, 대파, 생강, 통후추 등을 넣어요.

소요시간
25분

대구탕

재료

대구 100g(1토막)
두부 20g
콩나물 20g
무 20g
참기름 1작은술

만들기

1 대구는 비늘과 지느러미를 떼고 깨끗이 씻어 토막낸다.
2 무는 연필 깎듯이 돌려 썬다.
3 콩나물은 깨끗이 씻어 2cm로 자르고 두부는 뜨거운 물을 부어 깍둑 썬다.
4 달군 냄비에 무를 넣고 볶는다.
5 ④에 물을 넣고 팔팔 끓인 뒤 생선, 콩나물, 두부를 넣고 센 불에서 한소끔 끓인다.
6 끓어오르면 불을 끄고 미지근하게 식혀서 급여한다.

Tip • 미나리 고명이나 캣닙을 넣어준다.

집사도 함께 먹어요

- 국물에 청양고추나 마른고추를 넣으면 칼칼하고 시원해요.
- 마늘, 청장, 후춧가루로 간해요.

소요시간
30분

돼지고기 덮밥

재료

돼지고기(등심) 50g
쌀밥 20g
무청 10g
메추리 알 1개
사과 10g
마 10g
식용유 약간

만들기

1 돼지고기는 얇게 저며 한입 크기로 썬다.
2 무청은 곱게 다져 데치거나 식용유에 볶는다.
3 메추리 알은 노른자만 준비하거나 삶는다.
4 마와 사과는 껍질을 벗기고 곱게 갈아서 소스를 준비한다.
5 얇게 썬 돼지고기를 기름에 노릇하게 구워낸다.
6 밥 위에 돼지고기, 무청, 메추리 알을 얹고 소스를 뿌린다.

Tip • 다양한 과일 소스로 덮밥을 만든다.

집사도 함께 먹어요

- 돼지고기에 소금, 후춧가루로 밑간해요.
- 타르타르 소스(마요네즈, 다진 양파, 다진 피클, 식초 등)나 토마토소스를 곁들여요.

소요시간
30분

두부 스테이크

재료

두부 40g
연근 2cm
소고기 30g
꼬투리 콩 3개
올리브유 약간

만들기

1 두부는 뜨거운 물을 붓고 물을 뺀 후 도톰하게 썬다.
2 올리브유에 노릇노릇하게 굽는다.
3 소고기는 다져서 볶는다.
4 연근은 얇게 썰어서 굽거나 데친다.
5 두부에 소고기 등을 얹어 낸다.

Tip
- 두부에 올리브오일을 바르고 에어프라이어 200도에 12분 정도 굽는다.
- 두부를 으깬 후 각종 채소, 쌀가루를 넣어 반죽해서 모양 잡아 구워도 된다.

집사도 함께 먹어요

- 육수에 국간장으로 간해서 먹어요.

소요시간
50분

두부 전골

재료

소고기 60g
두부 20g
당근 10g
버섯 10g
청경채 2잎
적양배추 1/2장
달걀 1개
육수 적당량

만들기

1 소고기는 다진다.
2 두부는 납작하게 썰어 노릇하게 굽는다.
3 버섯류는 찢고 당근, 적양배추는 넓게 채 썬다.
4 달걀은 황·백지단을 부쳐 넓게 채 썬다.
5 냄비에 준비한 재료들을 돌려 담고 육수를 붓고 끓인다.

Tip
- 다양한 해산물(관자, 해삼 등)을 손질해서 넣어도 된다.
- 두부에 소고기를 넣고 묶어서 얹는다.
- 다진 소고기에 두부를 으깨어 완자를 빚고 쌀가루를 묻혀서 지져 낸 후 올린다.

집사도 함께 먹어요

- 육수에 국간장으로 간해서 먹어요.

소요시간
30분

떡국

재료

소고기 50g
떡 2컵
육수 1컵
달걀 1개

만들기

1 떡은 찬물에 담가 불리고 달걀은 지단을 부친다.
2 소고기는 다진 후 참기름을 넣고 볶는다.
3 소고기에 물을 붓고 끓인다.
4 육수가 팔팔 끓으면 떡을 넣고 끓인다.
5 지단으로 장식한다.

Tip
- 소고기는 곱게 다져 볶아서 고명으로 내도 좋다.
- 달걀을 풀어서 끓여내도 된다.

집사도 함께 먹어요

- 대파를 넣거나 파 산적을 올리기도 해요.

소요시간
30분

맛탕

재료

고구마, 당근, 감자,
연근 등 80g
멜론 1/6개(80g)

만들기

1 고구마, 감자, 연근 등은 먹기 좋게 썬다.
2 170도 튀김기름에 재료들을 넣어 튀긴다.
3 멜론은 씨를 빼고 곱게 갈아 약불에서 뭉근히 끓여 잼을 만든다.
4 튀겨낸 채소류를 멜론잼에 버무린다.

Tip • 잼을 만들 때 펙틴가루를 조금 넣어주면 빨리 완성된다.

집사도
함께 먹어요

• 설탕, 물엿 등으로 시럽을 끓인 후 튀긴 채소를 버무려요.

소요시간
50분

모둠초밥

재료

연근 1cm
칵테일새우 6마리
단호박 10g
오이 10g
사과 10g
당근 슬라이스 1줄
연어 10g
맛살 1줄

만들기

1 쌀은 불려서 다시마를 넣고 고슬고슬하게 밥을 짓는다.
2 칵테일새우는 뜨거운 물에 살짝 데친다.
3 단호박은 얇게 썰어 익히고 다른 재료들은 슬라이스 한다.
4 밥은 반려묘가 먹기 좋게 작게 뭉치고 준비된 재료들을 하나씩 올린다.

Tip
- 과일은 말려서 칩으로 내기도 한다.
- 계절과일(수박, 멜론 등)을 준비한다.
- 초밥 위에 가쓰오부시나 멸치가루 등을 뿌린다.

집사도 함께 먹어요

- 연겨자 소스를 준비해요.

소요시간
30분

뭇국

재료

무 1/6개
새우 5마리
멸치 5마리
건새우 1큰술
다시마 1/2장
청경채 1개
물(육수) 1컵

만들기

1 무는 1cm 크기로 깍둑 썰고 새우는 머리와 내장을 제거한다.
2 청경채도 굵게 썰고 멸치, 다시마는 뜨거운 물을 부어 염분을 제거한다.
3 냄비에 무, 멸치, 다시마를 넣어 물을 붓고 끓인다.
4 청경채, 새우를 넣고 한소끔 더 끓여서 낸다.

Tip • 재료를 참기름에 한 번 볶은 후 물을 붓고 끓이면 육수가 진하다.

집사도 함께 먹어요

- 육수에 간장이나 소금으로 간해요.

소요시간
1시간

반계탕

재료

영계 1/2마리(200g)
찹쌀 1/2컵
대추 1개
밤 1개

만들기

1 닭은 흐르는 물에 깨끗이 씻는다.
2 자투리 닭에 물을 붓고 30분 이상 끓여서 면포에 국물을 거른다.
3 찹쌀은 2시간 이상 불린 뒤 밤을 넣고 김 오른 찜기에 15분간 찐다.
4 손질한 영계 속에 찹쌀을 넣고 닭육수를 부어 끓인다.
5 대추를 넣어 한소끔 더 끓인 후 미지근하게 식혀 낸다.

Tip • 닭을 수비드 한 다음 소포장해서 냉동해서 사용한다.

집사도 함께 먹어요

• 수삼, 은행을 넣어 소금과 함께 내어요.

소요시간
30분

북어강정

재료

황태 1/4마리
비트 1작은술
토마토 1/3개
통깨, 찹쌀가루 1큰술

만들기

1 북어는 물에 10분 정도 불린 후 물기를 제거하고 1~2cm로 자른다.

2 북어에 찹쌀가루를 묻혀 팬에 튀기듯 굽는다.

3 토마토와 비트는 곱게 간다.

4 튀긴 북어에 토마토비트소스에 버무린다.

Tip
- 토마토와 비트는 살짝 익힌 후 갈아서 사용해도 좋다.
- 캣닙가루, 멸치가루 등을 뿌려서 낸다.

집사도 함께 먹어요

- 고추장 양념에 재료들을 볶아서 내어요.

소요시간
20분

북엇국

재료

황태포 1줌
무(1cm) 1토막
연근(1cm) 1토막
달걀 1개
셀러리 5g

만들기

1 황태포는 물에 담갔다가 건져서 물기를 뺀다.
2 불린 황태를 먹기 좋게 잘게 썬다.
3 달걀은 풀어두고 무, 연근도 잘게 썬다.
4 불린 황태를 냄비에 넣고 볶다가 무, 연근도 볶는다.
5 물을 붓고 약불에서 끓이다가 달걀물을 붓는다.

Tip
- 북어 대가리, 다시마 등을 넣어 약불에서 끓여두면 훌륭한 육수가 된다.
- 두부를 굽거나 생으로 넣어도 맛있다.

집사도 함께 먹어요

- 불린 황태에 다진 마늘, 다진 파, 참기름, 후춧가루, 소금 등으로 밑간해서 볶아요.
- 대파, 양파 등을 넣고 청장으로 간을 내어 깔끔하게 먹어요.

소요시간
30분

사슬적

재료

소고기 30g
생선살 30g
찹쌀가루, 식용유 약간

만들기

1 소고기는 곱게 다지고 으깬 두부와 섞어서 치댄 후 막대 모양을 만든다.
2 생선살은 막대 모양으로 썬다.
3 생선살-소고기-생선살 순으로 꼬치에 꿰어 쌀가루를 입힌다.
4 달군 팬에 식용유를 두르고 앞뒤로 노릇하게 지진다.
5 꼬치를 빼고 얌전히 담아낸다.

Tip • 꼬치에 꿸 때 재료 사이에 찹쌀가루를 묻힌다.

집사도 함께 먹어요

• 초간장을 곁들여요.

소요시간
30분

삼겹살롤구이

재료

대패삼겹살 4장
아스파라거스 4줄
전분 1작은술
올리브오일 약간

만들기

1 아스파라거스는 깨끗이 씻어 전분을 묻힌다.
2 아스파라거스에 삼겹살을 돌돌 만다.
3 팬에 올리브오일을 넉넉히 두른 후 노릇노릇하게 튀기듯 굽는다.

Tip
- 당근, 고구마 등에도 같이 말아 튀길 수 있다.
- 먹기 좋게 잘라서 급여한다.

집사도 함께 먹어요

- 삼겹살에 소금, 후추로 밑간해서 튀겨요.

소요시간
25분

새우국수튀김

재료

새우 3마리
소면 30g
전분 1작은술
식용유 약간

만들기

1 냉동새우는 자연해동 후 키친타월로 물기를 제거한다.
2 몸통 부분의 껍질을 벗기고 전분을 바른다.
3 국수는 끓는 물에 삶아 찬물에서 씻은 후 식용유를 바른다.
4 새우 몸통 부분에 삶은 국수를 돌돌 만다.
5 새우를 튀긴 후 먹기 좋게 잘라서 급여한다.

Tip
- 국수는 70% 정도 삶는다.
- 새우 꼬리와 머리는 빼고 급여한다.

집사도 함께 먹어요

- 마요네즈 소스나 양파 넣은 간장소스를 곁들여요.

소요시간
25분

새우전

재료

칵테일새우 6개
채소(당근, 적양배추, 옥수수, 완두콩) 조금
쌀가루 2큰술
보리싹 가루 1작은술
식용유 약간
참기름 약간

만들기

1 쌀가루에 보리싹 가루, 물을 넣어 반죽한다.
2 당근 등 채소는 손톱만 한 크기로 준비한다.
3 식용유에 참기름을 조금 넣어 달군 후 먹기 좋게 부친다.

Tip
- 밀가루도 사용할 수 있다.
- 다양한 가루를 넣어 부친다.

집사도 함께 먹어요

- 밑간하거나 간장을 곁들여요.

소요시간
20분

생선구이

재료

흰살생선 100g
비트 5g
딸기 3알
전분 적당량
식용유 약간

만들기

1 흰살생선은 전분을 발라 팬에서 굽거나 에어프라이어 180도에 15분간 뒤집어가며 굽는다.
2 비트와 딸기는 깨끗이 씻은 후 믹서기에 곱게 간다.
3 구운 생선에 비트딸기 소스를 발라서 낸다.

집사도 함께 먹어요

- 두반장이나 굴소스, 매운 소스를 만들어요.

소요시간
35분

생선찜

재료

흰살생선포 1장(60g)
무 10g
소고기 30g
당근 15g
마른 표고버섯 1장
다시마
방울토마토 2알
미니파프리카 1/2개
쌀가루 1큰술
육수 적당량

만들기

1 생선포에 쌀가루를 묻혀서 털어낸다.
2 소고기는 채 썰거나 다지고 준비한 채소도 채 썰거나 둥글게 썬다.
3 마른 표고버섯은 물에 불린 후 물기를 짜서 채 썬다.
4 육수나 표고버섯 불린 물을 체에 밭친 후 전분을 넣어 걸쭉하게 만든다.
5 찜 그릇에 무 등 채소류, 소고기, 생선포를 얹는다.
6 김 오른 찜기에 20분 찐다.
7 ④의 소스를 끼얹어 낸다.

Tip • 냉동 생선포는 참기름이나 식용유를 바른 후 쌀가루를 묻힌다.

집사도 함께 먹어요

• 반쯤 익으면 고춧가루를 뿌리고 한소끔 더 쪄요.

소요시간
30분

세 가지 전

재료

새우 1마리
돼지고기 10g
연어 20g
애호박 10g
콩나물 20g
미니파프리카 1/2개
쌀가루 적당량
전분 적당량
올리브유 약간

만들기

1 새우, 돼지고기, 연어는 굵게 다진다
2 애호박은 둥글게 썬 후 씨를 파내고 미니파프리카는 길게 반으로 잘라 씨를 뺀다.
3 콩나물은 깨끗이 씻은 후 찌거나 뜨거운 물에 데쳐 곱게 다진다.
4 손질한 애호박과 파프리카 속에 전분을 살짝 묻힌 후 다진 새우, 돼지고기, 연어를 채워 담고 전분을 묻힌 다음 올리브유를 두른 팬에서 익힌다.
5 다진 콩나물에 쌀가루를 넣고 반죽하여 굽는다.

Tip • 전분 대신 칡가루 등을 사용한다.

집사도 함께 먹어요

- 밑간하거나 초간장을 곁들여요.

소요시간
25분

소고기편채

재료

소고기 60g
팽이버섯 10g
미니파프리카 각색 1/2개씩
올리브오일 약간

만들기

1 얇게 저며 썬 소고기는 팬이나 석쇠에서 굽는다.
2 채소는 깨끗이 씻어 준비한다.
3 구운 소고기 위에 채소를 얹어 돌돌 만다.
4 편채에 올리브오일을 뿌려 낸다.

Tip
- 파프리카 외에도 셀러리, 오이, 비트 등 다양한 채소를 사용할 수 있다.

집사도 함께 먹어요

- 올리브오일 소스를 만들거나 간장소스를 끼얹어요.

소요시간
30분

스테이크

재료

소고기 등심 80g
단호박 1/6개
두유(고양이용 우유) 1/3컵
청파프리카 적당량
버터 약간

만들기

1 등심을 그대로 혹은 1cm로 썬다.
2 팬에 버터를 두르고 소고기를 볶는다.
3 단호박은 씨를 제거하고 썰어 푹 찐다.
4 단호박을 두유와 함께 믹서에 곱게 갈아 한소끔 끓인다.
5 채소류도 1cm 크기로 자른 후 올리브오일에 볶는다.
6 단호박 수프에 채소류, 고기를 얹어 낸다.

Tip
- 수프의 재료를 바꿔가며 급여해준다.
- 통으로 구웠을 때에는 잘라서 급여한다.

집사도 함께 먹어요

- 고기는 핏물을 뺀 뒤 끓여서 육수를 낸 후 사용해도 돼요.
- 고기에 밑간을 한 뒤 구워요.

소요시간
30분

알감자새우구이

재료

알감자 2개
버섯, 새우 2마리
전분 약간

만들기

1 알감자는 껍질째 깨끗이 씻어 찌거나 삶는다.
2 알감자를 반으로 잘라 속을 파내고 속은 으깬다.
3 새우는 굵게 다지고 버섯도 다진다.
4 알감자 속에 ③을 넣고 175도의 오븐에 5분 정도 굽거나 찐다.

Tip
- 캣닙이나 파슬리가루를 뿌려낸다.
- 표고버섯, 양송이버섯 속에 넣어도 이쁘다.
- 뜨거울 때 피자치즈를 얹는다.

소요시간
35분

연어까스

재료

연어 90g
고구마 30g
양배추 30g
셀러리 5g
잣 2알
빵가루 2큰술
달걀 1개
쌀가루 2큰술
식용유 약간

만들기

1 연어 2/3은 굵게 다지고 나머지는 먹기 좋게 썬다.
2 양배추는 가늘게 채 썰고 셀러리, 잣은 곱게 다진다.
3 고구마는 삶아서 으깬 후 다진 연어랑 섞어서 동글납작하게 만든다.
4 반죽한 연어에 쌀가루-달걀물-빵가루를 입혀 노릇하게 튀긴다.
5 나머지 연어는 올리브유를 두른 팬에 굽는다.
6 튀긴 연어랑 구운 연어, 채 썬 양배추를 함께 낸다.

Tip • 만들어 놓은 과일잼이 있으면 함께 낸다.

집사도 함께 먹어요

- 마요네즈나 돈까스소스에 찍어서 먹어요.

소요시간
30분

오리옹심이

재료

오리 60g
감자 1/2개
애호박 5g

만들기

1 오리는 흐르는 물에 깨끗이 씻어 물기를 제거한다.
2 냄비에 오리를 넣고 푹 끓여 육수를 내고 오리는 곱게 찢는다.
3 애호박은 채 썰거나 은행잎 모양으로 썬다.
4 감자는 강판에 갈아 베보자기에 짜고 전분을 가라앉힌다.
5 감자전분과 간 감자를 치대 둥글게 완자를 만든다.
6 끓는 육수에 옹심이를 넣고 떠오르면 손질한 오리, 채 썬 호박을 넣어 한소끔 끓여 낸다.

Tip
- 감자의 물기가 많으면 전분을 조금 섞어 치댄다.
- 연근을 함께 갈아서 옹심이를 만든다.

집사도 함께 먹어요

- 시판용 감자수제비를 넣어도 돼요.
- 남은 육수에 대파, 양파, 마늘을 넣어 한 번 더 끓여 사용해요.
- 다진 마늘, 청홍고추, 고춧가루, 참기름, 통깨를 넣어 소스를 곁들여요.
- 들깻가루 등을 넣어요.

소요시간
30분

유부밥

재료

유부 2개
밥 40g
달걀 1개
당근 10g
청경채 10g
통깨 약간
참기름 약간

만들기

1 유부는 체에 올려 뜨거운 물을 붓고 물기를 뺀다.
2 달걀은 황·백지단을 부쳐 곱게 채 썰고 당근, 청경채도 채 썰어 볶는다.
3 밥에 참기름과 통깨를 섞는다.
4 유부에 밥과 준비한 재료들을 토핑한다.

Tip • 채소류는 데쳐도 된다.

집사도 함께 먹어요

• 밥, 채소류에 소금간, 혹은 간장으로 간해요.

소요시간
30분

잔멸치볶음

재료

잔멸치 50g
홍파프리카 10g
식용유 약간

만들기

1 잔멸치는 뜨거운 물을 붓거나 찬물에 잠시 담가둔다.
2 멸치의 물기를 없앤 후 마른 팬에 볶은 다음 체에 부어 부스러기를 털어낸다.
3 홍파프리카는 곱게 다진다.
4 식용유를 넉넉히 두른 팬에 멸치를 넣고 충분히 볶아주고 남은 식용유는 빼낸다.
5 팬에 홍파프리카를 넣고 한 번 더 볶은 후 불을 끄고 참기름을 넣어 섞는다.

집사도 함께 먹어요

- 간장, 조청을 넣어 바글바글 끓으면 멸치, 다진 마늘, 청홍고추를 넣고 볶아요.

소요시간
30분

채소죽

재료

밥 30g
비지 20g
채소(옥수수, 완두콩, 당근, 호박 합해서) 30g
멸치육수 1/2컵
참기름 1작은술

만들기

1 채소는 깍둑썰기한다.
2 밥, 비지, 멸치육수를 넣고 믹서기에 간다.
3 냄비에 ②를 넣고 약불에서 끓인다.
4 채소류를 넣고 한소끔 더 끓인다.
5 참기름을 넣고 미지근하게 식혀 급여한다.

Tip
- 소고기볶음이 있으면 고명으로 얹는다.
- 미음처럼 고운 입자를 원하면 믹서기에 간 밥을 체에 내린다.

집사도 함께 먹어요

- 청장(국간장)으로 간해요.

소요시간
40분

크로켓

재료

소고기(돼지고기, 오징어 등) 50g
감자 1/2개
쌀가루(밀가루) 1큰술
버터 1/2큰술
달걀 1/2개
빵가루 3큰술
식용유 약간

만들기

1 소고기는 굵게 다져서 볶는다.
2 감자는 푹 삶아서 으깬 후 뜨거울 때 버터를 넣고 고루 섞는다.
3 재료를 섞고 둥글게 모양을 잡는다.
4 쌀가루-달걀물-빵가루를 입힌다.
5 식용유를 160도로 달군 후 노릇하게 튀겨낸다.

Tip • 에어프라이어, 오븐에서 굽는다.

집사도 함께 먹어요

• 반죽 시 소금, 후추로 밑간하거나 레몬소금, 후추소금등을 곁들여요.

소요시간
1시간

편육

재료

돼지 껍질 200g
된장 1작은술
사과 1/2개
양배추 3장
멸치육수 적당량

만들기

1 돼지 껍질은 흐르는 물에 깨끗이 씻는다.
2 잠길 정도의 물, 된장, 사과, 양배추 등을 넣고 20분 정도 끓인다.
3 돼지 껍질의 안쪽 지방층을 칼로 쓱 긁어낸다.
4 돼지 껍질을 윗면용으로 넓게 한두 장 두고 나머지는 잘게 자른 후 멸치육수, 혹은 멸치가루를 넣고 물을 충분히 붓는다.
5 10~15분간 팔팔 끓인 후 용기에 돼지 껍질을 넣고 냉장고에서 굳힌다.
6 먹기 좋게 썰어 채소류와 함께 낸다.

Tip
- 시중에서 파는 편육을 사용하거나 통삼겹살을 삶아 면포에 싸서 무거운 것으로 눌러 얇게 썬다.

집사도 함께 먹어요

- 새우젓소스, 겨자소스 등과 먹어요.

소요시간
30분

해물꼬치

재료

낙지 20g
연어 20g
채소(당근, 브로콜리, 미니파프리카, 콜리 플라워) 적당량

만들기

1 낙지는 소금을 뿌려 바락바락 주물러 씻은 뒤 1cm 크기로 자른다.
2 연어도 손질한 후 낙지 크기로 썬다.
3 채소류도 작게 깍둑썰기한 후 끓는 물에 데친다.
4 해물류는 데치거나 강불에서 볶는다.
5 재료들을 섞어서 꼬치에 꽂는다. (급여할 때는 꼬치를 뺀다)

Tip
- 칵테일새우, 각종 과일을 사용할 수 있다.
- 자숙 문어를 사용한다.
- 달걀물을 발라 팬에 노릇하게 굽는다.

집사도 함께 먹어요

- 고추장 소스를 만들어서 발라먹거나 약불에서 구워요.

소요시간
30분

해물냉채

재료

문어 20g
조개 6개
오징어 30g
방울토마토 2알
딸기 1개
양배추 10g
키위 1/3개
미나리 5g

만들기

1 문어는 180도 오븐에서 10분 구운 후 슬라이스 하거나 자숙 문어를 사용한다.
2 오징어는 껍질을 벗기고 먹기 좋게 썰어 데친다.
3 조개는 해감하고 데친 다음, 살만 발라서 준비한다.
4 과일, 채소도 먹기 좋게 자른다.
5 준비한 재료들을 잘 돌려 담는다.

Tip
- 전복을 잘 손질해서 버터에 볶아서 굵게 다져 사용한다.
- 주꾸미를 데쳐서 굵게 썰어 사용한다.

집사도 함께 먹어요

- 주꾸미를 데칠 때 슬라이스 한 레몬을 몇 조각 넣으면 비린내를 잡을 수 있어요.
- 레몬 드레싱, 겨자 소스, 유자청 소스 등을 곁들여 먹어요.

소요시간
35분

해물떡볶이

재료

떡볶이 떡 30g
오징어 10g
바나나 10g
바지락조개 6개
칵테일새우 6개
브로콜리 2줄기
토마토 1/6개
비트물 1작은술

만들기

1 오징어는 내장을 제거하고 칼집을 넣어 1.5cm로 썬다.
2 떡은 물에 불려둔다.
3 새우, 오징어는 뜨거운 물에 살짝 데치고 먹기 좋은 크기로 썬다.
4 토마토, 바나나는 믹서에 갈아서 비트물을 넣어 떡과 함께 팬에서 은근하게 졸인다.
5 ④에 오징어, 새우를 넣고 버무린다.

Tip • 다양한 과일 퓌레를 만들어 소스로 이용한다.

집사도 함께 먹어요

- 고추장, 간장, 물엿을 넣어 한 번 더 졸여요.

소요시간
30분

해물마죽

재료

문어 30g
오징어 30g
방울토마토 2알
미니파프리카 각색 1/4개씩
마 20g
반려묘용 우유 3큰술

만들기

1 문어, 오징어는 먹기 좋게 잘라 살짝 데친다.
2 파프리카는 0.5cm 정도로 썰고 방울토마토도 굵게 다진다.
3 마는 우유를 넣고 갈아서 중약불에서 끓인다.
4 파프리카 등을 넣고 한소끔 더 끓인다.

Tip • 주꾸미, 새우 등 다양한 재료를 쓴다.

집사도 함께 먹어요

- 해물류는 데칠 때 슬라이스 한 레몬을 몇 조각 넣으면 비린내를 잡을 수 있어요.
- 죽을 끓이다가 해물 등 재료를 넣고 끓여요.

소요시간
40분

해물파스타

재료

칵테일새우 30g
조개 6개
스파게티면 70g
물 3큰술
버터 약간
코티즈 치즈 적당량
올리브오일 2큰술

만들기

1 냄비에 물을 넉넉히 붓고 팔팔 끓으면 면을 펼쳐서 넣고 8분 삶은 다음, 체에 건진다.
2 면에 올리브오일을 발라주고 조개는 해감한다.
3 팬에 올리브오일을 두르고 해감한 모시조개를 넣어 볶다가 물을 넣어 뚜껑 덮어 익힌다.
4 삶은 조개는 살만 발라두고 조개육수는 체에 걸러 준비한다.
5 버터를 두른 팬에 새우살, 조갯살을 볶고 조개육수, 코티즈치즈를 넣고 끓인다.
6 면을 넣어 버무려 완성한다.

Tip
- 조개 삶은 물은 육수로 사용한다.
- 스파게티는 삶아서 물에 헹구지 않는다.
- 브로콜리, 방울토마토 등을 넣어 풍성하게 한다.

집사도 함께 먹어요

- 면을 삶을 때 소금을 약간 넣고 삶아요.
- 버섯류, 마늘, 화이트와인 등을 넣어 소금 간해요.

소요시간
40분

해파리냉채

재료

해파리 50g
맛살 2줄
달걀 1개
비트 15g
팽이버섯 10g
당근 10g
오이 10g

만들기

1 해파리는 깨끗이 씻어서 먹기 좋게 잘라 물에 담근다.
2 해파리를 체에 밭쳐 팔팔 끓는 물을 붓고 찬물에서 바락바락 씻는다.
3 오이 등 준비한 재료를 채 썬다.
4 달걀은 황·백지단을 부쳐 곱게 채 썬다.
5 완성접시에 예쁘게 돌려 담는다.

Tip • 염장 해파리 사용 시 찬물을 갈아가며 염분기를 싹 뺀 후 사용한다.

집사도 함께 먹어요

- 해파리는 단촛물에 담가 반나절 정도 냉장고에 둔 것을 사용해요.
- 연겨자를 넣은 소스를 곁들여요.

소요시간
30분

호박선

재료

호박 1/4개
달걀 1개
미니파프리카 1개
소고기 20g
맛살 1줄

만들기

1 호박은 반달썰기해서 칼금을 넣어둔다.
2 김 오른 찜기에 4분 정도 찌고 먹기 좋게 나눈다.
3 파프리카, 맛살은 굵게 다지거나 채 썬다.
4 달걀은 곱게 풀어서 지단을 부친다.
5 소고기는 곱게 다지거나 채 썰어서 팬에 볶는다.
6 호박에 요리한 재료들을 채운다.

Tip • 호박에 칼금을 낼 때 젓가락을 밑에 받쳐두고 썰면 편하다.

집사도 함께 먹어요

• 청·홍고추를 넣은 간장을 끼얹어도 맛있어요.

Reference

참고문헌

고양이대백과, 린정이·천첸원, 도도

고양이영양학사전, 스사키 야스히코, 보누스

반려동물학개론, 양철주 외, 박영사

반려동물영양학, 왕태미, 어니스트북스

고양이가 좋아하는 모든 것, 아덴무어, 보누스

고양이 가정의학, 노자와 노부유키, 웅진북센리빙울

행복 한 그릇 건강 한 스푼(반려견의 자연식 첫 레시피북), 김주아·전효원, 백산출판사

한국무역협회 국제무역 통상연구원

대한민국 정책브리핑(www.korea.kr)

유튜브 윤샘의 마이펫상담소-Pet Clinic

Profile

김주아

- 상명대학교 예술학부 무대미술과 졸업
- 대구가톨릭대학원 외식산업학과 석사 재학 중
- 현) 스위트주아르 대표
- 전) 국제반려동물산업협동조합 대표
  참하다 아로마아카데미 대표
  한국핸드메이드아트협회 대구지부 분과장
  서초구 롱런아카데미 아로마테라피 출강, 중고등학교 방과후 아로마테라피 출강 외 다수
- 자격증 : ARC 아로마테라피 국제자격증, 펫푸드지도사자격증, 반려동물장례지도사 자격증 외 다수
- 수상내역 : 제19회 대한민국 향토식문화대전 [전국건강증진개선경영대회] 보건복지부장관 대상, 제19회 대한민국 향토식문화대전&국제탑셰프그랑프리 최우수지도자상, 2022대한민국 향토식문화대전 대상 외 다수

전효원

- 영남대학교 식품영양학과 졸업
- 경기대학교 외식경영학 전공(박사)
- 현) 한국자연음식협회장, 이지(利智)사찰음식학교 원장
- 전) 대구가톨릭대학교, 서울문화예술대학교 출강
- (사)사찰음식명인, 향토식문화대전, 푸드&테이블웨어전 여성가족부장관상 외 다수
- 저서 : 아이좋아 가족밥상, 마음을 담은 사찰음식, 한식조리기능장 실기&필기, 슬로우푸드 맛의 방주

저자와의
합의하에
인지첩부
생략

집사와 함께하는 캣푸드

2024년 2월 15일 초판 1쇄 인쇄
2024년 2월 20일 초판 1쇄 발행

지은이 김주아 · 전효원
요리어시스트 박다겸
푸드코디 박도혜
펴낸이 진욱상
펴낸곳 (주)백산출판사
교 정 박시내
본문디자인 신화정
표지디자인 오정은

등 록 2017년 5월 29일 제406-2017-000058호
주 소 경기도 파주시 회동길 370(백산빌딩 3층)
전 화 02-914-1621(代)
팩 스 031-955-9911
이메일 edit@ibaeksan.kr
홈페이지 www.ibaeksan.kr

ISBN 979-11-6567-776-3 13590
값 21,000원